50歳からの勉強法

自分の夢が実現する!

佐藤富雄

海竜社

50歳からの勉強法

自分の夢が実現する!

―はじめに―　人生百年時代の生き方提案！　新学問のススメ

五十歳という年齢から、あらためて勉強を始める。

世間一般では無茶なことのように思われますが、本書を手に取ったあなたは、おそらくは「できるのではないか」という期待を込めて、この冒頭の文章を読んでいるでしょう。

五十歳からの再学習……。それは、これからの人生を素晴らしいものにするために、絶対にやるべきことなのです！

断言しておきましょう。

五十という年齢はあくまで目安ですが、それくらいの年を取った年齢から「勉強しよう」と決断できた人。

そして、そんなことは露ほども思わなかった人。

この二つの違いは、「何歳までも若々しく、充実した人生を過ごす人」と「単なるお年寄りになってしまう人」に、これからの時代はハッキリと分かれてしまいます。そして本書を手に取ったあなたは、その時点で前者の人生を選ぼうとしているということです。これは非常に素晴らしいことだと言えるでしょう。

そんなことをわたしが言うのにも、ちゃんと理由があります。

その第一は、生命科学の発展により、人間の人生はおよそ百年という、長いスパンで考えなければならなくなったことです。

たとえばあなたが五十歳だとしたら、これからの十年は、いままでなら〝人生のピークを迎える時期〟と見なされていたかもしれません。会社員であれば、地位も収入も、最も高いところにいくはずです。

しかし、そのあとは引退生活に入り、あなたは老後の下降していく人生を始めることになります。いまが〝ピーク〟なのですから、そうなるのも当然のことでしょう。

ところが人生百年の時代であれば、六十を超えたとき、まだあと四十年もの長い期間が残っているのです。それは小学校に入った子どもが大企業の社長になる期間に匹敵しますから、「引退生活だ」といってムダに過ごすのは、あまりにももったいないことです。

本当に自分の人生を豊かにしたいなら、人生百年の時代、従来の五十歳から六十歳でなく、もっとあとの七十歳から八十歳という時代にピークがくるようなライフスパンを考えなくてはいけません。

しかし世の会社には定年があるし、「働かせてもらおう」と思っても簡単にはいきません。**そのためには自分で道を切り開くしかない。よって〝再学習〟は必然のものなのです。**

第二の理由は、「年を取ったら頭が鈍くなる」という考え方が、すでに脳科学では〝間違っている〟と証明されたことです。

詳しいことは本書で説明しますが、脳は使えば使うほど〝賢く〟バージョンアップされていきます。**五十代で勉強を始めるあなたは、六十代、七十代になれば、「いまよりもっとスゴいことのできる人間」に間違いなくなる**ことでしょう。

しかしそのためには、「頭を使い続けること」が絶対条件です。現実に年を取ると「頭が鈍くなる」人も多いのですが、これは思考活動を放棄してしまうことが原因です。それを食い止めるためには、勉強をいつまでも続けていく必要があります。

そして第三の理由は、**「五十代からの再学習が豊かな人生をつくる」**ということを、ほかならぬわたし自身が、すでに実証しているからです。これほど説得力のある話はないかもしれません。

わたしが再学習を始めたのは五十七歳のときで、このときは大学の学部生から〝勉強のやり直し〟を図っています。

その後、大学院へ進みＭＢＡ（経営学修士）を取得したのが六十代になってから。もっともっと勉強がしたくなり、それまでの人生で部分的に携わってきた、医学、理学、農学と三つの分野で博士号を取得しました。同時に写真などの技術も、大学で本格的な勉強を受けています。

さらに七十代になってから、わたしの人生は花開きます。「口ぐせ博士」として数多くの本を出すとともに、講演などで全国を回るようになる。カメラでは写真集を出したり、個展を開催することもできるようになりました。

そうして熱海に海の見える家を持ち、船を持ち、銀座に別宅、北海道に別荘と、まさに七十代の現在、「人生の黄金時代」を満喫できるようになったのです。

わたしは現在も、「八十歳になったらロンドンに留学しよう」と思っているほど、勉強することの重要性を認識しています。

しかし、大変なことなど何もありません。なぜなら**勉強とはとても楽しいもの**であり、**やればやるほど〝必ずあなたの力になってくれるもの〟**にほかならないからです。

いま、あなたは「何歳までも若々しく、充実した人生を過ごす人」の入り口に立ったところです。ぜひ、七十代、八十代、いや九十代、百歳で、わたしが満喫しているような、素晴らしい「人生の黄金期」を迎えてほしいと思います。

どんなふうに勉強すればいいか、どんなことを勉強すればいいか……。そのヒントを、これからお教えしていきましょう。

二〇〇七年秋　　佐藤富雄

『50歳からの勉強法　自分の夢が実現する！』◉もくじ

2章

なぜ、五十歳から学ぶのか？

中高年からの学びにこそ意味がある科学的根拠

3章

ボケない！　衰えない！　「生涯現役脳」のつくり方

50歳からの再学習が脳をますます発達させる

4章 勉強の波にのるコツ・続けるコツ

モチベーションを高め、持続させるちょっとした工夫

5章

人生百年時代。カラダと脳を同時に鍛えていきましょう

体が若返ると脳も心も若返る！

6章

「学び」こそ、一生を変える魔法の力

十年後、二十年後に、
あなたは〝もっとドキドキする自分〟に出会えます！

装丁――上田晃郷
本文図――諌山圭子

1章

「もう一度勉強したい！」そう決意したあなたへ

〝充実した人生〟への一歩を踏み出すために

◉人生を大きく変えた「五十七歳の決断」

学び残した種を刈り取りに

「もう一度勉強してみよう！」

五十七歳のわたしがそう思ったきっかけは、別に高邁《こうまい》なことでも何でもありません。ただ〝蒔《ま》いたきり、刈り取り忘れた種〟を、そのときに戻って再び刈り取りに行きたかった。それだけのことです。

経緯はこういうことでした。

わたしははるか五十年くらい前に、学生として東京農業大学を卒業しています。ところがその後は就職するのでもなく、学んでいた生化学で大学院に行くのでもなく、早稲田大学の学部にもう一度入っているのです。専攻は経済学でした。

早大に入ったのは、一つは名門に対する憧れがあったこと、もう一つは、純粋に経済を学んでみたかったという好奇心です。

というのも、当時は戦後間もない日本が、激動の経済変化を遂げつつある時期でした。わたしは北海道の古い農家で生まれ、戦後は農地解放が行われていく様を目《ま》の当たりに見ていましたから、「世界の経済は、本当のところはどう動いてきたんだろう」ということを純粋に知りたかったのです。

ところがわたしは、早大の学部生でありながら、すでに東京農大で学士資格を持っています。それにアルバイトでハンティング雑誌の翻訳をしていたこともあり、英語もそれなりにできるレベルにありました。

そこで当時の教授に勧められたこともあり、早大の大学院を受けることになったのです。結果合格し、学部を二年もしないうちに、早大の大学院へと進むことになってしまいます。

しかし大学院というのは、学部ほど頻繁《ひんぱん》に大学に行く必要もありません。それで一年生くらいのうちは何となくアルバイトばかりして、「二年になったら、ちゃんと勉強しよう」などと思っていたら、就職科の掲示板に面白い貼り紙があるのを見つけたのです。

それは当時ではあまりなかった外資系企業の採用試験情報で、ビックリするほど好条件の、美味《おい》しい話でした。

「受けてみようかな？」

当時のわたしには、一般就職する気持ちなどまったくありません。ところが、ついついダイヤモンドに目がくらむような欲望で、この会社の試験に臨むことになってしまったのです。ダメもとだったのですが、どういうわけか「来てほしい」ということになります。

むろん学問は志半ばになる、でも二十代の若者にとってお金の誘惑は強い……。まあ大学には、いつでも戻って来られるか……などと、わたしは軽い気持ちで、ビジネス人生に一八〇度、道を転換してしまったのです。

もう一度勉強してみよう！

さて、それから三十年くらいの月日が流れます。

すでに五十七歳になったわたしは、企業を転々としたあとで役員にまでなり、社会的にもある程度の地位を確立しています。いまのような啓発書ではありませんが、地味な本も何冊か出しているくらいの人間になっていました。

しかしどこでも自己紹介するときの肩書きは、「東京農大卒業」です。

何となく早大のことも入れたいのですが、そのときは「早大中退」と言うしかありません。まあ作家にしろ、タレントにしろ、そんな経歴は普通にあるのですが、どうも自分には引っかかるところがあります。

考えてみれば、「経済を学びたい」と農大からわざわざ大学に入り直した人間が、結局は学部時代も大学院時代も、まともな授業の単位すら取らないまま、一般企業に入社してしまったのです。その後に大学で講義をすることはありましたが、中途になった学問は、いまだ修める機会をつくれないままです。

「もう一度、勉強してみようかな？」

五十七歳の決断。結局はこのときが、わたしの人生を大きく変えるきっかけになりました。

◉「ワクワク」に向かって踏み出せば、必ずうまくいくようにできている！

再び勉強ができる喜びにワクワク

「五十七歳から大学に入り直そう」と言ったら、あなたはどんなふうに感じるでしょうか？　別に社会人大学のようなところに行くわけではありませんから、ともに机を並べるのは、高校を出てきた十代、二十代の若者ばかりです。「自分がついていけるのかなあ」という不安もあれば、ポツンと初老の人間が交じることへの羞恥心《しゅうちしん》が湧いてくるかもしれません。

しかし、わたしに関して言えば、そんな不安や恥ずかしさなど、ほとんど感じることはありませんでした。それは自信があったからではありません。ただ「再び勉強を始めるんだ」という喜びにワクワクしていて、大学に入ったあとのマイナス要素など、二の次の問題だったのです。

わたしがそんな調子ですから、むしろ驚いたのは教授たちのほうだったようです。わたしとほとんど同じくらいの年齢の人たちに、「復学したい」と希望を言いに行ったとき、「本当に来るの?」なんてしつこいくらいに聞かれました。当時のわたしは会社の役員もしていましたが、ある程度は自由がきく身分です。希望した学部も「社会科学部」という昼夜制の学部でしたから、時間的にムリとはまったく思いません。

結局「二年までは何十年も前に終えている」ということで、編入試験を受け、学部三年からの〝やり直し入学〟が認められました。「これでやっと卒業証書がもらえるなあ」と、憧れの小学校に入った子どものように、わたしは無邪気に喜んだものでした。

勉強は「新しい世界への扉」

それにしても、いい年をしたオジサンが勉強をし直すことで、それほどワクワク楽しい気持ちになれるものなのか? もちろんなれます。だって**「勉強する」ということは、ほかの何にも増して心をワクワクさせる〝面白いもの〟**だとは思いませんか?

まず固定観念を取り去って考えてほしいのです。「勉強する」ということは、知識にしろ、技術にしろ、何らかのノウハウにしろ、「自分が知らなかったこと」を脳の中に新しくインプットすることです。それはそのまま**「新しい世界への扉」を開くことにつながる**のですから、心がワクワクしないわけがないのです。あなたが何歳であっても、気持ちはただ〝未来の自分が手にするもの〟に向かっているはずです。

ところが「勉強すること」にワクワクした気持ちが起こらないのは、あなたが学校経験で築いた〝間違った常識〟に毒されてしまっているからです。というのも、わたしたちは受験が始まるとともに、「目的ありきの勉強」を半ば強制的に受け続けさせられます。大学に入るための高校の勉強、大学をまともに卒業して、いい会社に入るための大学の勉強、一人前に働くために受けさせられる会社での研修……と、そういう具合です。

こうして受けた勉強による知識は、いまあなたの頭から、ほとんどは忘れ去られているはずです。そもそもが〝学びのための勉強〟ではなかったのですから、これは当たり前のこと。〝学ぶこと〟ではなく、ほかに目的があったのですから、勉強自体にワクワクした気持ちが起こらなかったのも、当然といえば当然のことなのです。

◉ 自分が成長することに対するワクワク感を取り戻しましょう

あなたの中に眠る「ネオテニー」

あなたが思い出すべきは、受験勉強やテストに苦労したことでなく、もっと前の小学生、あるいは学校生活を始める前のことかもしれません。お母さんに手を引かれ、お散歩に連れていかれたあなたは、見知らぬ世界にワクワクし、何かを見つけるたびに「あれ何?」「これ何?」と聞いたはずです。外の風景にただ見とれたり、動植物を見て、絵本を見て、好奇心のパワーを全開させていた時期があったはずです。

こうして一つひとつの知識を身につけていくのも、やはり大きな勉強です。子どもがそれにワクワクするのも、「その知識を身につけていくことで自分がどんどん成長している」ことを、本能で感じ取るから。それは、大人になるために必ず必要な心理で、科学的には「ネオテニー」という言葉で呼ばれています。「ネオテニー」は大人になっても失われることなく、五十代を超えても心の奥底に眠っているものです。

このような**「自分が成長することに対するワクワク感」**を、**あなたには再び取り戻してほしい**のです。**その気持ちで勉強を始める限り、未来には必ず「素晴らしいこと」が待っている**はずです。

四十年間の仕事の成果を学問的に裏付けたい

わたしが勉強を再開したときも、「何かのため」という具体的な目的があったわけではありません。「卒業証書を手に入れる」ということを除けば、その先に望んでいたのは、「勉強して、もっと自分を高めたい」という、純粋な向学心だけでした。

そもそもわたしが五十七歳のときは、当時では珍しい、外資系企業でキャリアを積んだビジネスパーソンです。しかも役員という地位にまでなり、日本では考えられないほどの高給ももらっています。しかも入る学部は経済などを学ぶ社会科学部なのですから、ある意味で、実践的な経済活動に関しては、どんな教授陣よりも場数を踏んでいます。いまさら勉強したって、どうなるというものでもなかったでしょう。

ただ「自分が四十年かけてやってきたことを、学問的なレベルで理論付けてみたい」という気持ちはありました。それは〝仕事に役立つ〟ということではなく、純粋な知的好奇心でした。というのも、もともと、わたしは生化学を学んできた研究志向の人間であり、バリバリの理系派。何事にも、科学的合理性がなければ納得できないたちです。実際、社会人になってからも研究職には片足を突っ込んでおり、そちらはサイエンスの世界ですから答えが明確でした。

ところが、片方でわたしが携わってきたマーケティングとかマネジメントに関しては、「こういう理由でうまくいったんだな」と自分の成果を裏付けるものがありません。合理的な理由はどこかにあったのでしょうが、いかんせんわたしは経済学も経営学もマーケティングも、学問としてきちんと勉強したことがない。ならば科学的に、その秘密を解いてやろう……と。これは実に結果の楽しみな〝知的ゲーム〟になると思いませんか？

学問は、わたしにとって何よりも魅力的な〝娯楽〟だったのです。新しい知識が増えるたびに、「ああそういうことだったんだ」とわたしは感動し、大学生活が楽しくて楽しくて仕方ありませんでした。

◉楽しく学ぶと脳に何が起きる？

脳がグワーッと活発化する体感

人間の脳の中には、「海馬」と呼ばれる、その名の通り〝タツノオトシゴ〟に似た器官があります。直径一センチに長さが五センチくらいの小さな器官ですが、側頭葉《そくとうよう》の内側に左右一対ずつ、これが存在しています。

この海馬の働きは、おそらくは〝記憶〟との関連で、あなたも聞いたことがあるのではないでしょうか。正確に言うと海馬は〝記憶を蓄える場所〟でなく、〝記憶の受け渡し〟を司る、情報センターのような役割をする部位です。

たとえば、あなたが現在本書を読んでいるときでも、「タツノオトシゴってどんな動物だっけ？」とか、「糸井重里さんが海馬について書いていたな」とか、「そういえ

脳の構造

●大脳を横から見たところ

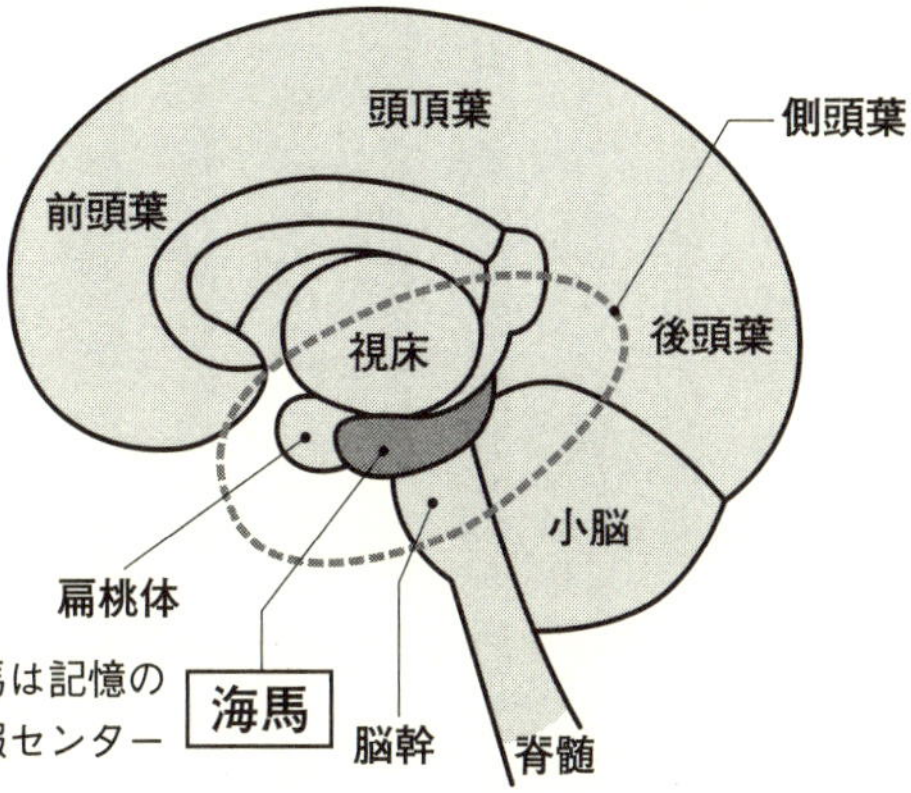

●海馬は記憶の情報センター

ば最近もの忘れが激しくなったな」など、あらゆる思考に対応して海馬が過去の記憶情報を取り出しています。

その海馬の働きが活発であればあるほど、情報がフル回転で引っぱり出され、あなたの思考も鋭いものとなり、優れたアイデアが浮かぶようになる。頭の回転が速いとか、頭が切れるとか、頭がいいと言われる評価は、すべてはこの海馬の働き次第で決まってくるのです。

ところが「過去のことを思い出そう」としても、実は海馬というのは、それほど活発には動いていません。

しかし**「未来の楽しいこと」を考え出すとともに、海馬はグワーッと活発な活動を**

始めるようになります。これは何歳になっても変わりませんし、実際にこのときは脳細胞が増加してさえいます。「楽しいこと」に呼応したホルモンも分泌されていますから、脳は非常にイキイキした状態になっています。

ワクワクして勉強するとか、勉強が楽しくて楽しくて仕方ないというのは、海馬をそういう状態にすることなのです。

つまり、**新しいことを知れば知るほど、わたしたちは「これから自分ができること」や「そのように成長した自分像」を思い描くことで、より素晴らしい頭脳を手に入れることができる。**実際に再学習を始めてからわたしに起こったこと、体感したことも、まさにその通りのものだったと思います。

何よりそのことは、わたしが実現した事実が証明しているのです。

六十代にして、MBA取得者に

「五十歳の大学生なんて、ちょっとキャンパスに似つかわしくない」と思う人もいるかもしれませんが、学部生のときのわたしは、ちょっとしたアイドルでした。

というのも、ビジネス上の経験ならば、わたしは断然、学生トップです。みんなより四十歳くらい年上だし、あり過ぎるほどの社会人経験を得ているのですから、それは当然かもしれません。

そして、周りを見れば「将来はビジネス社会で成功したい」と思っている学生たちばかりなのです。皆がわたしの話を聞きたがるし、「意見を聞かせてほしい」ということが何度もあります。すぐに「トミイさん、トミイさん」と、誰よりも目立つ学生になってしまいました。

そうなると教授にも一目置《いちもく》かれるし、英語もそこそこできたものですから、卒業するときに教授からこんなことを言われます。

「せっかくだからトミイさん、MBA（経営学修士）を受けてみたら？」

この年で大学院、しかもMBAなんて……と、常識的な思考をする反面、活性化した〝ワクワク脳〟では次のようなことを考えています。

「もしこの年でMBAを取ったら、スゴいよね」

ならばやってみようと、〝超難関〟と言われた法政大学のMBAコースを受験したのです。現役の学生でも大変なのに、わたしはこれに見事合格。「よく受験勉強ができましたね」などと、わたしと同年代だった学長に褒《ほ》められたことを覚えています。

しかし入ってみたものの、ＭＢＡの授業というのは非常にハードです。「講義を聞いていればいい」というのでなく、教科書にあるケーススタディを通して「自分が経営者だったらどういう判断をするか？」ということを徹底的に考えさせられます。毎回のようにレポートもあります。

そうして厳しい判定を受けたうえで、初めてＭＢＡを得て、修了することができます。これも並大抵のことではないのですが、むろんわたしは突破。六十代にして、なんとＭＢＡ取得者になってしまったのです。

◉学べば学ぶほど「新しく学びたいこと」が生まれる

もっともっと知識をくれ！

ここまでわたしが素晴らしい成果を出せたのは、別に頭がいいからでも、経験上の蓄積があったからでも、ましてや努力家だったからでもないのです。

ただわたしが、**勉強することを誰よりも楽しんでいたこと。これに尽きる**と思います。

わたしは入ってくる新しい知識に対して、ただただ感動していました。脳は「もっともっと知識をくれ！」と、子どものような貪欲さで、さらなる成長を望んでいました。この状態でいたことが、どんどんわたしに進化をもたらしてくれたのです。

実際に勉強欲に目覚めたあとのわたしはすごいもので、ＭＢＡを取ったからといって、それで会社の相談役とか、コンサルタントなどの職におさまろうとも思いません。それより、もっともっと「自分のやりたかった勉強」を広げていこうと思ったのです。

これが何かといえば、第一には、わたしのベースであるサイエンスの世界です。だから法政大大学院のＭＢＡを取得したあと、わたしは再び東京農大の門をくぐります。すでに学部は二十代のときに卒業していますから、今度は大学院からの学び直しです。修士課程を出て、博士課程にも進みました。これが「農学博士」という称号になります。

博士課程というのは、ほとんど大学で授業を受けるということがありません。研究をして論文を書くことが中心です。

この時点で、わたしはすでに外資系の医薬関係の会社で研究職にも携わっていましたから、生命科学や健康学の分野で、ある程度の蓄積がありました。その勢いで、「医学博士」と「理学博士」という地位も、会社員現役時代に取得していきました。

好きで勉強した結果が「いまの自分」

これらと並行して、わたしはいままで勉強したことのなかった新しい分野にも挑戦していきます。ちょうど農大の博士課程を出たのが六十五歳のときでしたが、その翌年からは東京工芸大学の写真別科に入り、きちんとカメラの勉強を受け始めました。

この写真別科というのは、ある意味で大学院の博士課程の授業より、よっぽど大変です。

というのも、〝写真を大学で学ぶ〟ということですから、ほとんどこれはプロを目指す人たちが行く学校なのです。入るときも〝作品〟が評価されますし、教授陣も名前の知れた写真家ばかりです。

しかも大学院と違って授業は毎日のようにあるし、課題提出も頻繁に義務付けられるのです。まだ会社の役員をやっていたわたしにはハードでしたが、若い学生に交じって、これもクリアします。

わたしが会社の業務から完全に退くのは、六十八歳のとき。そのときはすでに熱海に住んでいましたが、それから活動の基盤を熱海に移し、「作家宣言」をしたのが七十歳のときです。

この期間にわたしが勉強してきたものには、大脳生理学に、生命科学に、健康科学に、抗老科学に、心理学に、生物進化学に、環境学に、人生哲学に……と、独学も入れれば数限りないことをやっています。

そのほかスキーを始めたり、北極圏への冒険旅行にも出かけています。もちろん文章も、いままでに増してどんどん書くようになっていました。

七十一歳のときに初のベストセラーである『あなたが変わる「口ぐせ」の魔術』（かんき出版）で一躍脚光を浴びるのですが、その流れは、五十七歳で再学習を始めたときの延長に過ぎないのです。好きで勉強してきた結果、ただ自然にこうなった、というだけの話だと思います。

◉「もっと勉強したかったなあ」という後悔、ありませんか?

必要なことは「始めてみる」ことだけ

わたしに起こった変化は、誰にだって引き起こせることです。**あなたに必要なことは、ただ「始めてみる」ということだけ。何も迷う必要なんてないと思います。**

たとえば「学校で再び学び直そう」ということであれば、最初は慣れないから、切り替えには時間がかかると思います。わたしも最初はとまどったものですが、これは授業が時間単位で、断続的に行われることが原因でした。

しかし、これは年の問題ではなく、〝慣れ〟の問題です。

会社で働いていれば、通常は仕事も時間的な断続がなく、「部下から相談を受けたら、それを上司に報告」という形で連続していきます。そんな時間の使い方が染み付いているから、「この授業をここまで受けたら、次の授業へ」というカリキュラムについていけないだけ。時間が経《た》てば、すぐに切り替えられるようになります。

むろん、わたしのように学部の大学に入ることだけが勉強ではありません。社会人のみの学校であればある程度は時間も合わせてくれるし、通信講座もあれば、最近ではインターネットで好きな時間に受けられる授業もあります。

それに学校にだって行かなくてもいいのです。本を読むことから始めてもいいし、仲間内で勉強会を開くことから始めても構わない。それこそわたしが主宰しているようなセミナーはたくさんあるし、ちょっと調べれば「いくらでも学べるコンテンツ」が、世の中には用意されています。

学びの欲求は人間の本能

それでも「何から勉強を始めたらいいかわからない」という人は、多いと思います。どうしてそうなってしまうかといえば、普段の生活の中で〝好奇心の種〟を蒔くことを忘れているのです。

そこで振り返ってみてほしいのは、過去において「知りたい」「わかりたい」「できるようになりたい」という欲求に火がついた経験はなかったか、ということ。それは学生時代の「もっと勉強したかったなあ」という後悔の念でも構わないし、日常生活の中のちょっとした疑問でも構いません。

その気持ちは、人間の成長欲が生み出す「ネオテニー」の本能に根差すものです。だから「そんな気持ちになったことがない」ということなど、絶対にあり得ないことだと思います。

「本当は文学のようなことが勉強したかったのに、オレは就職のときに大変だからということで、商学部に入ってしまったんだよなあ……」

「何気なく経理の仕事をずっとやってきたんですが、それを経営陣がどう使っていたのか、何も知らないんですよ。それでいいのかなあ……」

「英語なんてずっと使う必要がなかったけど、もしペラペラだったら、自分の人生も変わっていたのかなあ……」

しかし火がついた成長欲を、人はついつい合理的な言い訳で、すぐに消火してしまいます。

「でも文学を勉強したって、何の役にも立たないからなあ……」
「わたしが経営のことを知ったところで、意味がないじゃない！」
「いま英語をあらためて勉強している時間なんてないか……」

わたしは**勉強というのは、自分の心の中で一つの〝区切り〟をつけること**だと思います。

つまり、**一番重要なのは「勉強したこと」の達成感であり、満足感であり、**喜びなのです。だから**〝役に立つか〟とか〝時間をムダにする〟などと考えず、とにかく行動してみることこそ第一**なのです。

それは結果的に、あなたの考え方すべてを変えていくことになるはずです。

◉「自分は何でもできる！」の口ぐせで、自動目的達成装置にスイッチ・オン！

言葉が思考を、思考が人生をつくる科学的根拠

発する言葉は、その人の思考をつくっていきます。

その思考は、当然のごとく、その人の人生をつくっていきます。

すでにわたしの本をお読みの方はご承知と思いますが、人間の脳の自律神経系には「自動目的達成装置」の機能が備わっています。これは〝目的をインプットすれば、必ずその目的を達成するように体が動いてくれる〟という便利な仕組み。「お金持ちになる」とインプットした人は現実にお金持ちになるし、「キレイになる！」とインプットした人は実際に美人になります。

「言葉を口に出す」ということは、まさに「自動目的達成装置」に〝目的をインプッ

トする〟ということにほかなりません。だから、わたしは自分がかなえたい望みを口ぐせにして、ことあるたびに唱えなさいと言っています。これが私が提唱し続けている「口ぐせ理論」です。

このことは、別に不思議なことでも何でもないのです。たとえば自律神経系と密接なつながりのある脳の「大脳辺縁系」と呼ばれる部位には、「RAS」という網目《あみめ》状《じょう》の神経繊維が伸びています。ここで行っているのは、〝無意識のうちに感じ取る情報をふるい分ける〟ということです。

つまり、「お金持ちになる」という目的をインプットした人は、必然的に「お金が儲かること」に関連した情報を敏感に察知するようになる。「キレイになる！」をインプットした人は、メイクの情報とか、美容に関する情報を自然に吸収していくようになる。そうしてたくさんの情報を得るのですから、望んでいる目的は自然に達成されていきます。

これが「言葉が思考をつくり、思考が人生をつくる」という、科学的根拠の一つなのです。

自動目的達成装置の仕組み

●大脳辺縁系にある「RAS」という神経繊維が、
無意識に感じる情報をふるい分けている。

「意味がない」は、あなたの人生に最悪のスイッチを入れる

そこで考えてほしいのは、「成長欲を合理的な言い訳で打ち消す」という行為です。

「勉強したって、意味がない」
「勉強している時間なんてない」

ここでもやはり、言葉が思考をつくります。

ということは**「勉強に意味がない」とか「勉強する時間がない」という言い訳をするたびに、あなたは「勉強する意味のない人生」や「勉強するゆとりのない生活」をすでに準備してしまっている**のです。**その状態はいつまで経っても変わることがありません。**

まだ「時間がない」を言い訳にしている人は、六十歳で定年になったら、趣味的な範囲で勉強を始めるのかもしれません。でも「意味がない」の人は、結局は何も始めないままになります。

いずれにしろ、**わたしがお勧めしたいのは、趣味でも何でもなく、あなたの六十代、七十代、八十代を豊かにするための勉強**です。**ゆとりに任せてやるものでなく、自分自身の人生をよくするために自発的にするもの**です。

だから**「これから自分は何でもできる！」と、最初から成長欲にブレーキをかけない思考で望んでほしい**のです。

それが、「勉強したい」ではなく、「勉強しよう」という行動を、自然にうながしていきます。

そして間違ってもしてはいけないのは、「もう年だからな」と、年齢を言い訳にしてしまう行為です。その言葉が自律神経系に、最悪のスイッチを入れてしまうことになります。

◉年齢を言い訳にしたとき、あなたの〝老化〟は始まっていく

「老化」は思い込みから始まる

「勉強したいけど、もう五十歳だしなあ。いまさら何になるんだろうなあ」

そんな〝言い訳〟をしたときに、自律神経系に入ってしまう最悪のスイッチとは何でしょうか？

これは「老化」というスイッチです。

人の老化は、「自分は年だ」とか、「若くない」という思いを抱いた瞬間に始まっていきます。現にわたしは「自分はまだまだ若いぞ！」ということを口ぐせにしていますから、体力測定をしたって、肉体は五十代レベルです。

むろんそれには〝運動を続けている〟ことも大きいのですが、それも「自分はまだ

まだ若いぞ！」という感覚だから、休むことなく続けられるわけです。やはり言葉で思考をつくっているから、それに伴った習慣が人生に左右しているのでしょう。

実際に「わたしはまだまだ若いぞ！」という言葉を口ぐせにしている人は、体力も、気力も、それに内臓の状態さえ、現実に〝いつまでも若い状態〟が保たれていきます。

なぜなら自律神経系の「自動目的達成装置」にインプットした目的は、無意識の行動を左右するだけでなく、細胞の新陳代謝や、ホルモンの分泌といった生理的な活動にまで関わってくるのです。というより、自律神経系の役割自体が呼吸や吸収といった生命活動のコントロールにあるのですから、それは当然のことでしょう。

ということは「若いぞ！」という言葉が、「体を若いままに保つ」という指令となり、それが自律神経系から体のあちこちの細胞へ伝達されていくということです。よって肌の瑞々《みずみず》しさは保たれ、内臓は健康な状態を保ち、骨は丈夫なまま……。

これを不思議に思う人は、「梅干し」という言葉を頭の中に思い描いてみればいいのです。現実に目の前に梅干しが存在しないのに、口の中は唾液で満たされているはずです。

〝口内で唾液が分泌される〟というのは、本来は口に入った食物を分解するための、生理的な反応であるはずです。にもかかわらず、梅干しをイメージしただけで唾液が出るということは、人の生理的な反応も、わたしが日々考えている思考の影響化にあるということなのです。「病は気から」というのも、これと同様の仕組みでしょう。

老化のメカニズムについてはあとでも説明しますが、確実に言えるのは、「老化は一種の心理的な病に過ぎない」ということです。

科学的に「加齢」という現象は存在しますが、「老化」はありません。その証拠にどんな野生動物にも、この現象は見られないのです。

ではどうして人間のみに老化が生まれるかといえば、社会的な常識が生む〝思い込み〟の力が一番大きいのです。

「自分は何でもできる！」で思いどおりの人生が開ける

たとえば、六十歳で定年になる。そうすると、ライフスタイルの転換を余儀なくされる。自分で稼がなくたって、毎月のように細々と年金が下りてくる。結果、「若いときと同じようにはできないな」と思い込む……。

ほかにも年を取れば年相応の服、年相応の趣味、年相応の男女関係……と、わたしたちは〝世間一般の年齢常識〟に自らを押し込めてしまっています。ほとんどの人はそう思って〝年相応の人生〟を選びますが、よくよく見てください。

六十代になってなお、アクションをこなすハリウッドスター。六十代を超えてなお、エベレストなどに登ったりする冒険家。六十代を超えても斬新《ざんしん》なことを発言し続ける文化人。六十代を超えてもなお美しい美貌を保つ、銀座のママさんたち……。

〝世間の常識〟を突破した人は、いつまでも輝いているではないですか！

わたしだって七十五歳で、スキーもやればハンティングもやる。ウォーキングは当然ですが、ローラーブレードも乗りこなしています。スポーツカーを豪快に乗り回せば、船でクルージングもする。最近はスノーモービルまで購入しました。

結局、「年を取ったから、年金暮らしに備えてやりたいことを我慢し、盆栽でもいじって……」などと、世間に流されて考えてしまうからおかしくなるのです。

「これから自分は何でもできる！」と、つねに確信していれば、そのとおりの人生になるのです。

◉人生の可能性は無限大

勉強はあなたの可能性を広げる

実際に「これから自分は何でもできる！」と思っていれば、勉強を始めることで、何だって可能になります。

わたしの知り合いには、六十代でヘアヌード写真集を出した女性がいますが、現在もアメリカでファッションモデルをやっています。極端な話、そんな無茶なことだって、やろうと思えば可能なのです。

少し現実的な話で考えてみましょう。

わたしは「勉強の達成感や満足感が重要だ」という話をしましたが、勉強することによって得られる資格や免許もたくさんあります。それを得れば、当然のように「あなたができること」の可能性も広がっていきます。

たとえば税理士。これは試験に通りさえすればいいのですが、だいたい三年の勉強で合格できます。十年もすれば、たいていはどんな仕事でも一人前になれますから、五十代で勉強を始めれば、ゼロからのスタートでも六十三歳には税理士として成功できる計算になります。

弁護士はどうでしょうか？　でも法学部を出るのに四年。頑張って法科大学院に行けば二年。試験にさえ通れば、資格はちゃんと得ることができます。そして研修に一年、大成するまで十年で、計十七年。三年くらい試験につまずいても、七十代で立派な弁護士になるのは、十分に可能であるということです。

医者はどうでしょうか？

ゼロから医学部に入り、インターンを経て六年。それに十年を加えれば、六十六歳です。聖路加国際病院の日野原重明先生など九十代で現役なのですから、理論的には五十から医者で成功することだって十分に可能でしょう。

「諦めるべきこと」なんて、何もない！

これらはすべて「ムリだ」と思われるような、難しい資格の場合です。

むろん世の中には年齢制限のある資格もたくさんあるでしょうが、大半はもっと簡単なものばかり。たとえば鍼灸《しんきゅう》の学校に行けば三年で免状をもらえるし、TOEICテストの勉強を三年もやれば八〇〇点以上など簡単に取れます。

どんな大学だって四年で卒業できるし、そのあと二年間大学院に行けば、少なくとも〝専門家〟という一般評価はもらえるようになります。

だから**「やろう」とさえ思えば、五十代では大抵のことが可能**なのです。人生百年というスパンで考えれば、七十代で大成したって、なんら問題はありません。少なくとも十年は、現役バリバリで仕事ができるのではありませんか？

つまり、**あなたには「諦めなければならないこと」など何もない**のです。

このことを後押しするために、次章ではあなたに脳科学が証明した、最新の事実を教えましょう。それは「人間は何歳になっても頭脳が衰えることはないし、何歳までも発達し続けることができる」という事実です。

2章

なぜ、五十歳から学ぶのか？

中高年からの学びにこそ意味がある科学的根拠

◉六十代、七十代で、どんどん脳は発達する

「賢さ」の科学的裏付けとは？

かつて人間は、年を取るとともに脳の働きも衰えていくと考えられていました。だから老人は年を取るとともに物忘れが激しくなり、頭の回転が鈍くなる。年を取って脳細胞の数も減ってしまっているのだから、これは仕方がない……と。そんなふうに納得されていたのです。

ところが最近になって、「その考え方は正しくない」ということが、研究成果によって確認されつつあります。

つまり、**脳はいくつになっても衰えることがない**、ということ。それは「**人間は死ぬまでずっと、頭をよくし続けることができる**」ということを意味します。

果たして本当なのでしょうか?

ちょっと科学的なことを、ここで述べておきましょう。

一般にいう「脳細胞」は、神経系を構成する特殊な細胞で「ニューロン」という言葉で呼ばれています。その形は、たとえるなら一本の〝木〟です。

つまり一本の幹があり、片方には〝根〟の部分がいくつか突き出し、片方には多数の〝枝〟にあたる部分が突き出している。この〝根〟や〝枝〟にあたる箇所は他の脳細胞と結び付くために使われ、その結合部を「シナップス」と呼んでいます。

そこでわたしたちがモノを考えると、脳の中では情報を伝達するために、いくつもの脳細胞が「シナップス」をつなげ合って、一つの〝配線パターン〟のようなものをつくります。そこを電気信号が伝わり、脳の中を駆け回る。これが「考える」ということのメカニズムです。そしてさまざまなことを考えれば考えるほど、脳細胞の数も増えるし、脳の中でできる〝配線パターン〟の種類も増えていきます。

こうして膨大なシナップスのネットワークができればできるほど、「考えること」や「できること」のバリエーションも広がっていく。これが〝賢くなる〟とか〝精神的に成長する〟ということの、科学的裏付けなのです。

脳細胞の仕組み

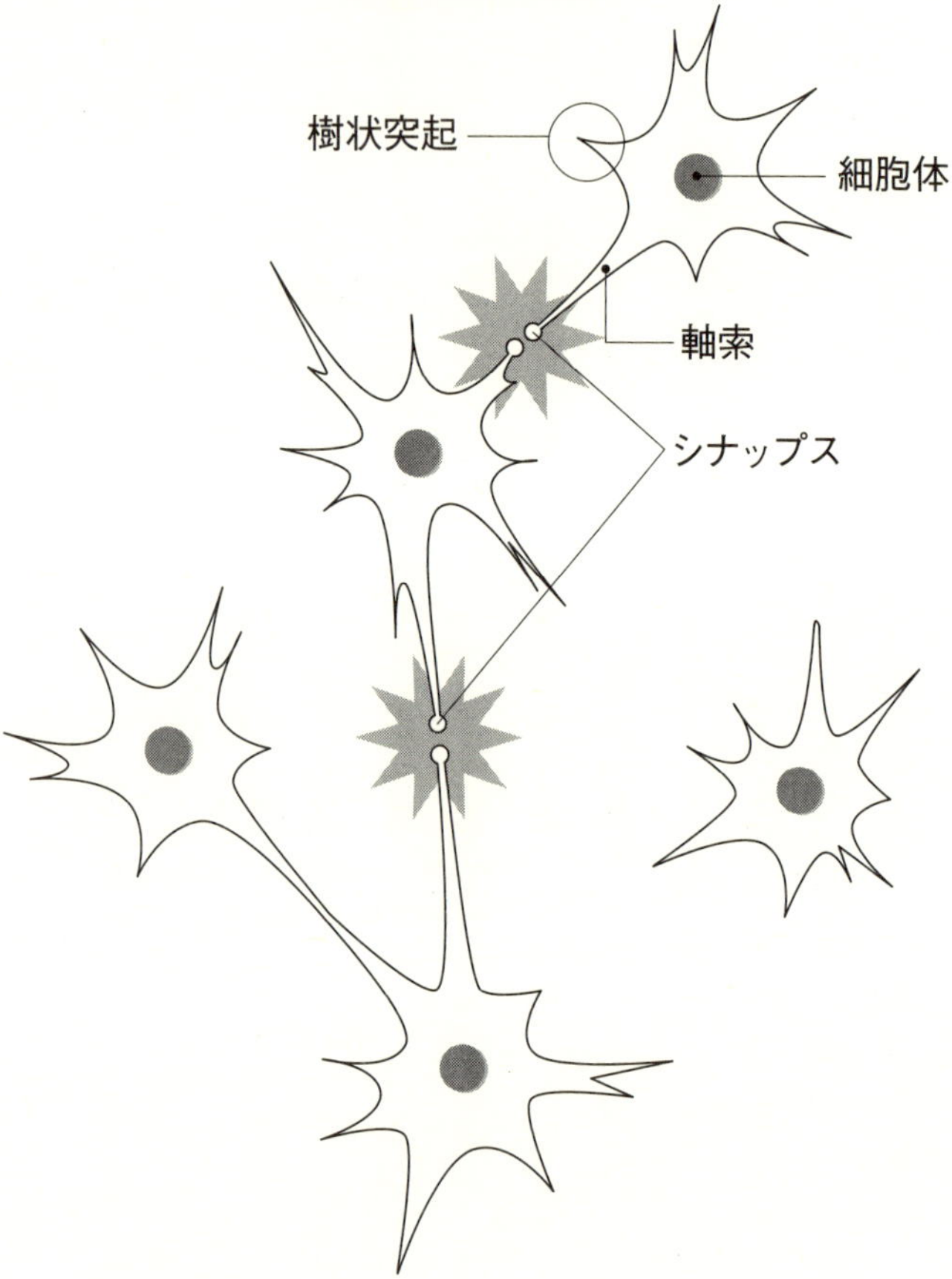

●シナップスのネットワークができればできるほど、「考えること」や「できること」のバリエーションが広がる。

「年を取れば脳は衰える」はウソ

ところが二十五歳をピークにして、この脳細胞は欠落していくことが認められています。その数は一日に一〇万個と言われますから、相当なものでしょう。

むろん、失われていくのは「使わなくなった細胞」からです。それに人には一三〇億個くらいの脳細胞があると言われていますから、数としては微々たるものかもしれません。でも、「年を取ったらどうなるのか」と考えると不安になります。

しかもアルコール類を飲めば、そのぶんだけ脳細胞は上乗せして減少していくことがわかっています。これがお銚子を三本か四本を飲むと、減る細胞が倍の二十万個になるということですから、わたしが医薬関係の仕事に携わっていた時代は、「酒飲みになるな」と真面目に言われていました。

しかし当時から、「年を取れば脳の力は衰える」ということに疑問を呈する声はあったのです。

考えてみれば、脳細胞数だけで脳の力を測るなら、人間の冴えは二十五歳がピークということになります。しかし、スポーツを除けば、どんな分野を見ても、もっと上の年齢の人たちのほうが活躍しています。

しかも経営者、研究者、芸術家、作家など、世間を見れば、六十代、七十代の人たちが大活躍しているのです。二十代で頭角を現す人などは、ほんの一握りでしょう。「どんなことでも経験が必要だから当然だ」とは言いますが、その〝経験〟というのも、本質は脳細胞に蓄積されているはずのものなのです。この現実は、科学的に考えたらおかしいのではないか?

そして決定的だったのは、わたしが五十代になる前に遭遇した、『ハーバード・メディカル・レビュー』という専門誌に掲載された、一つの論文でした。

◉五十代からスキーを始めたら上達できた……それは、なぜ？

「再学習」した人としなかった人ではどう違う？

『ハーバード・メディカル・レビュー』に掲載されていたのは、一つの実験報告でした。それは四十歳から四十五歳くらいのボランティア数十人を対象にして、彼らが再学習をした経過を追跡調査したものです。

ボランティアの多くは、四十歳くらいにして「再び勉強しよう」と考えている人たち。五十代、六十代、七十代、八十代と定期的なテストを受けてもらい、判断力や反射神経など、さまざまな脳機能の変化を調べていきます。およそ四十年に及ぶ、気の長くなるような実験でした。ところが面白いもので、「再学習をしよう」と考えてはいても、結果的には〝やらなかった〟という人たちがいます。研究グループが予測していたのかどうかは知りませんが、結局は比較対象として好都合なことになりました。

実験結果は、わたしの予想どおりです。最後にデータをとったときの、「八十代」で比較してみましょう。最初に測った四十代のころのレベルと比較すれば、「再学習しなかった人」の脳機能は、予想どおりずいぶん低いところまで落ちていました。

一方で、「再学習した人」の場合はどうか？　これが何と、四十代のときに測った一〇〇を超え、平均数値が一〇五まで上がっていたのです。そのデータには、「記憶力」のような〝年とともに衰えるはずの機能〟も含まれるし、運動野の反応など「再学習」とあまり関係ないように思われる能力も含まれています。

明らかに〝若返っている〟としか言えないような結果が、この実験からは導かれてしまったのです。とはいえ、わたしはこれを意外とは思いません。どうしてでしょうか？

再学習で肉体まで若返る！

たとえばわたしは、再学習を始めた五十代のころに、かなりの遅咲きですがスキーを始めています。それまでは北海道で生まれたにもかかわらず、「なんで、あんな寒い雪の中を滑るんだ」と嫌っていたのですが、人付き合いの関係でやらざるを得なくなったのです。ところが、やってみると「面白い」！　わたしはこれに凝《こ》り始めます。毎年のようにスキーに行き、そのうちにカナダのウィンスラーに行き……と。

凝り出すのはいいのですが、わたしはとうとうスキーの検定にまで挑戦を始めます。コーチの先生には、「五十代では上級のゴールド検定に受かるのは絶対に無理です」とクギをさされますが、実際は四年目の春にゴールドの検定に合格しています。

むろん、いくら再学習をして脳が開発されていたとしても、スキーで上達するには足腰がしっかりしていなくてはいけません。これには、わたしがウォーキングなどの運動を続けていたことが大きな要因になっています。

とはいえ、五十代のスキーは、わたしにとって初の経験でした。運動野に〝成長する余地〟がなければ、新しい体の使い方に脳がついていけるわけがありません。

ほかにも写真の技術だったり、最近ではサクスフォーンなど、「いままでやってこなかったこと」を、わたしの脳はどんどん吸収しています。

だから「年とともに脳が衰えていく」なんてことは、素直に納得できるわけがない。そして「再学習」にその要因があるとしたら、五十代の後半から新しいことを学び続けてきたわたしは、大いに頷《うなず》けるわけです。

◉人は何歳になっても「学び」が必要

脳の若返りの理由は「シナップス」にある

　年を取ると脳細胞が減少するにもかかわらず、なぜ再学習をした人は、いつまでも若々しい脳を保てたのか。答えは、先にも紹介した「シナップス」にあるようです。「シナップス」というのは脳細胞がネットワークをつくるときの結合枝でしたが、何らかの思考作業をするたびに、ニョキッと新しいシナップスが伸びていきます。

　その数は平均して、脳細胞一個につき、一日に三万個。**頭を使えば使うほどその数は増え、最高では十万個のシナップスが一日に発生する**とも言われます。これを一三〇億の脳細胞で考えれば、シナップスの数は天文学的です。シナップスが一つの細胞から多く出れば、当然、それは多くの脳細胞とつながります。すると、多少脳細胞が少なくなっても、ネットワークに電気信号を伝える分には何の害もありません。

しかも、この**「シナップスの増加」に関しては、年齢制限などない**のです。**再学習をした人の脳がどんどん開発されていくのも、まったく当然のこと**になります。

年を取っても、海馬の細胞は増え続ける

ただし、やはり「頭を使う」ということをしなければ、シナップスの量だってそれほど増えていきません。よって「再学習しなかった人」の脳が衰えていくのは、細胞の減少を考えれば、当然のことです。これに加えて最近になってわかったことは、**「脳の中でも海馬の細胞だけは、年を取っても増え続けている」**ということです。

海馬というのは、前章で説明したように、記憶している情報の出し入れを行うところです。再学習を続けた人は、脳の情報をやりとりできるネットワークが広がるだけでなく、その管理センターにあたる部分も、どしどしバージョンアップさせているということになります。たとえるならこれは、パソコンのメモリをどんどん増設しているようなものです。多少ハードが老朽化したって、そんなことはまったくものともせず、素晴らしい成果を出し続けることができるでしょう。

◉「問題解決」に効力を発揮する思考回路づくり

開発された脳のつくり方

そこでもう少し考えたいのが、「勉強する」ということと「シナップスのネットワークをつくる」ということとの関係です。

たとえば、小学校では国語、算数、理科、社会に音楽や図工と、あらゆることを勉強します。ところが理科の知識にしろ、歴史にしろ、日常生活で使わなければ、どんどん忘れていってしまいます。

だから「勉強しても仕方がないではないか」という話もあるのですが、重要なのは知識そのものより、「シナップスのネットワークのパターンを頭の中につくる」ことに意義があるということ。つまり、小学校・中学校での勉強は、人として必要な基本的な知識を身につける意味もありますが、それより、国語から音楽、体育まで幅広く学ぶことで、脳の中のあらゆる部分が開発され、義務教育を終えたころには、非常にバランスよく配線された脳が出来上がるのです。

その「配線」が、実は大人になってから対面する、あらゆる問題に生きてきます。それは情報をベースにした戦略を立てたり、企画を立てるなど、仕事の問題であることもあれば、コスト計算などお金に関連した数学的な問題かもしれません。

あるいは「この人にはどう対処したらいいだろうか」という人間関係の問題であるかもしれません。

そんな一つひとつの問題解決に対して、実は「勉強を通してつくった思考回路」が、非常に効力を発揮していきます。だから脳がきちんと進化していなければ、複雑な問題に対処できないし、その意味で「学業をさぼった人が成功できない」というのは、学歴の話ではなくて、脳の発達過程から見た場合の科学的事実なのです。

ところが問題は、いくら授業を受けていたところで、頭を使っていなければ、脳が思考回路をつくることにはならないということです。

だから「学歴さえあれば、実社会で成功できる」というのも間違い。東大をぼんやりと出た人間より、短大卒でも、いろんなことを考えてきた人間のほうが、ずっと仕事はできます。

それに、わたしはずっと「勉強」というものを、わかりやすく「学校で受けるもの」として話してきました。しかし「いろいろなことを考え、頭を使う」ということで言えば、もっともっとたくさんのシチュエーションが考えられます。

それこそ読書をして考えるのでも、テレビゲームで頭を使うのも、料理のレシピを工夫するのでも、恋愛に悩むのでも、やはりこれらはすべて「学習」なのです。そもそも脳の中には、「学校で学んでいるか」と「遊びで学んでいるか」の区分けなんてないのですから、当然といえば当然のことでしょう。

この点でよく納得できるのは、学校をろくに卒業しなかったにもかかわらず、世には成功者になった人が非常に多いということです。発明王のエジソンなどがそうですし、日本にも松下幸之助さんや、政治家の田中角栄さんがいます。

ところが伝記を読めばわかるように、彼らは学校には行っていないものの、独学したり、さまざまな体験を経たりして、実際は「学校に行った人」よりも「いろいろなことを考え、頭を使う機会」をつくっているのです。決して怠けていたわけではありませんから、「シナップスのネットワークをつくる」という点に関しては、大いに開発された脳を彼らはつくっていたわけです。

大切なのはいろんなことを工夫し、試すこと

しかし問題は、脳を開発するには、やはり「あらゆる部分に万遍《まんべん》なくネットワークを張り巡らせる必要がある」ということです。

たとえば〝同じ仕事をまったく同じやり方で、定年退職するまで続けていた〟という人を考えてみてください。彼らは確かに「その仕事に関連した部分の脳」は開発されているかもしれませんが、他の部分は学生のときに培った過去の状態のまま。それも脳細胞の減少とともに、ずいぶん多くが失われているかもしれません。

わたしも人のことは言えません。たとえば七十歳で作家宣言をしたとき、すぐに気づいたのは、「漢字を忘れているなあ」ということです。傍《かたわ》らに辞書を置いても、なかなかスラスラ書くまでに復帰しません。そう思ったときから、ほとんどの原稿を、わたしは作文用紙に手書きで書くようになりました。

すると「五十歳を超えても、ほとんど一つのことしかやっていない」という人は、

逆に言えば〝脳のその他の部分がまったく成長していない〟ということになるのです。七十代、八十代を人生の黄金期と見たとき、これがどれほどのハンデになるかは想像に難くありません。

それに対して、わたしのように五十代からスキーは始めるは、カメラは始めるは、一方でハンティングをしたり、車やバイクを乗り回したり、勉強でもサイエンスに人文科学に経済学にと、思いつく限りの〝いろんなこと〟をやった人間はどうでしょう？

脳のあらゆる部分が開発され、七十代、八十代は可能性に満ち溢れている……ということになりますよね。

だから重要なことは、「この勉強に専念しよう」と枠をはめることでなく、**五十歳を超えたらいろんなことを試してみるべき**なのです。その気になれば**過去につくったシナップスはいくらでも復活します**から、**何歳からでも〝未来には夢がいっぱい〟**ということになります。

◉「遊び」と「勉強」を区別してはいけません！

勉強は娯楽そのもの

では、いろんなことを試すといっても、一体あなたはどんなことを試していけばいいのでしょうか？

別に何だって構わないのです。ただ再学習に加えて重要なことは、第一に「遊ぶ」ということ。第二に「体を動かす」ということ。第三に、それらすべてを通して「ときめく」ということだと、わたしは思います。

そもそも**「勉強」と「遊び」に、区分けなんてない**のです。

1章で述べたように、わたしはただ「楽しい！」と思ったから、五十代から六十代の間に大学へ通い続けました。そこで学習していることは、娯楽そのもの。ゴルフなんかより、よっぽど楽しい「遊び」です。

だいたい多くの人は、「遊び」と「勉強」と「仕事」に境界をつくり過ぎています。だから「週末に息抜きをする」とか「仲間内で飲みに行く」といった、単なる〝仕事からの逃避〟のみが「遊び」と見なされていくのです。やるなとは言いませんが、それで脳の発達をうながすことはできません。

「仕事」だって本来なら、それを通して多くのことが学べる学習体験にほかなりません。「遊び」との違いは、〝お金が入ってくるかどうか〟の違いがあるだけです。そのことについては、次章でもう少し踏み込んでみたいと思います。

ここで考えてほしいのは、遊びが日々の仕事や退屈な時間からの逃避でないとしたら、私たちはどのようにポジティブに遊べばいいか、という問題です。その本質は、〝わたしにとってのカメラ〟を考えていただければよくわかると思います。

子どものころから、わたしにはカメラに対する憧れのようなものがありました。しかし当然ながら、当時は現在のように携帯電話にでさえカメラが付いている時代ではありません。「休日にカメラを持って、ふらっと風景写真を撮りに出かける」というのは、それこそ大金持ちにならなければ考えられないことだったのです。

ところが時代も変わり、わたし自身の経済力もできます。そして四十代のときだったと思いますが、わたしは海外で「ライカ」というカメラに出会います。その場で子どものころからの夢に火がつき、迷わずに衝動買いして、それを手に入れました。

そこから、わたしのライフスタイルも変わっていきます。

たとえば毎日の生活の中で、「何かいい被写体はないかな」ということを、どこか心の片隅に意識しています。それこそ「飛騨高山はいいよ」などという話を聞いたら、「森のこういう風景を撮りたい」なんて、頭の中で撮影が始まっているわけです。これほどワクワクする状態もありません。

ちょうど五十代の後半は、わたしが現在の熱海に住むようになった時期です。そんな理想の環境を持つと、わたしのカメラ熱にも一層の火がつきます。むろん海の写真も美しいのですが、何より私が熱を上げたのが〝富士山〟の写真でした。

熱海から車を出せば、富士山が美しく見えるスポットは、だいたいどこでも日帰りで帰って来られます。なかでもお勧めは芦ノ湖の湖畔にある「大観山」にある展望台で、ここから撮った写真があまりに美しいので、わたしはそれを展覧会にも出品したほどでした。

「遊び」も「勉強」も同じ

そうすると、当然のごとく〝もっといい写真を撮りたい〟という意欲が起こります。すでに述べたように、これが六十代になって東京工芸大の写真別科に入学するという、大きな再学習につながりました。

そして卒業をしてからは、プロを宣言。といっても大げさな話しではありませんが、一応は個展を開いたり、『生命の樹』（晋遊舎）という、自然と女性のヌードを融合させた本格的な写真集を出版することにも成功しています。

さらに数年前は、北海道の別海にログハウスも建築。いまはここを拠点にして、丹頂鶴やオジロワシなどの動物をターゲットにした写真に挑戦しています。

つまり、一度カメラを始めたら最後、カメラについてのわたしの夢は、どんどん進化しているわけです。撮る写真もより高度になり、世界もどんどん広がっていく。まさにこれは「脳が発達している」ということであり、勉強以外の何物でもありません。**「遊び」と「勉強」が同じというのは、このように乗めり込めば乗めり込むほど、自分の世界がどんどん広がっていくから**なのです。

◉五十歳から、どんな「遊び」を目指せばいい？

なぜ写真を趣味にしている人が、いつまでも若々しいのか？

「遊び」と「勉強」を区別してはいけないと、お話ししました。では、どんな遊びでも脳が開発されるのかというと、そうとも言い切れません。五十歳から始める遊びには、ポイントがあります。

実はわたしの知人には、七十代になっても写真を趣味にしている人が何人かいます。彼らに共通しているのは、いつまでも若々しい人が多いし、イキイキと人生を楽しんでいるということです。

わたしはかつて『「撮る」だけで心と体が若くなる』（KKベストセラーズ）という本を書いたのですが、このときにカメラを趣味にしている高齢者百二十人を対象にして、科学的な調査を行ってみました。その結果わかったのは、彼らのうちの八十パーセントが、本当に標準年齢より一歳から七歳も若く活発な脳を保っていたということです。これは精神的なことだけでなく、写真歴が六年を超える人だと、血管年齢でさえ、実年齢より一歳から五歳くらい若いデータが出ています。

その理由はいくつかあると思います。

何より風景の写真を撮るとなったら、やはり自然の中を歩き回らなくてはいけません。これは体を動かすことになるし、その中で〝目標を探す〟ということを行っていきます。歩きながら目標を探し、最高の写真のイメージを高め、そのための戦略を考えていく……。これはある意味、太古の人間を進化させてきた狩猟にも似た行為です。その過程の中で、人間は脳のあらゆる部分を進化させてきました。

そこで「写真を撮る」という行為一つをとっても、その過程で鍛えられる脳の分野は、さまざまあります。

ゴールを描く創造力、目の前の状況を読む分析力、段取りを組み立てる企画力、撮影のために必要な集中力に持続力などなど。こういった能力が〝遊び〟を通して開発されるのです。これほどメリットの高い〝学習〟はありませんね。

同時に「写真」というのは、「一つ写真を撮れば、もっといい写真を」というように、夢をどんどん膨らませていくことができます。

まずは行動してみる!

「別に写真を撮らなくたって、のんびり野山を散策してればいいじゃないか」と言う人もいますが、それでは「次に何をしよう」という意欲が湧いてきません。それだけでは発展性がないから、「勉強して脳をどんどん開発する」ということにはならないのです。すると、あなたがどんな「遊び」を目指すべきか、何となく答えが出てくると思います。

別にカメラに限る必要はありません。**重要なことは「外に出る」ということと、「発展性がある」ということの二つ**です。

たとえばフィッシングとか、登山とか、動植物の観察とか、歴史探索とか、あなたの趣味に合わせていろいろなことが考えられるのではないかと思います。

何か一つアウトドアの趣味を持つことで、あなたの夢は大きく広がっていくことになります。**悩んでいるより、まずは行動してみることが大事**ではないでしょうか。

◉歩くことで頭がよくなる！ドクター佐藤の黄金法則

運動をすれば、頭がよくなる「ＢＤＮＦ」の秘密

遊びで外に出ることとは別に、運動として「体を動かす」ということも、五十歳以後の人生を考えたら、とても大事なことです。

それは肉体に関してのことだけではありません。脳にとっても、とても重要です。というのも、端的に言えば「運動をすれば、頭がよくなる」というデータが、科学的な検証によってすでに明らかになっているからです。

その秘密は、脳の中で分泌される「ＢＤＮＦ」というホルモンにあります。効果は「脳の海馬の細胞を活性化させる」というもの。海馬というのは、前にも言ったように〝脳の中の情報センター〟の役目でした。

だから普通に思考しているときも「ＢＤＮＦ」は分泌されるのですが、それ以上にウォーキングなどの運動をすることで、これが脳の中で大量に分泌されてくるというのです。不思議にも思えますが、おそらくこれは人間が人類史上の長い間、狩猟などを通して〝歩きながら頭を使ってきたこと〟の名残でしょう。

ですから、あなたがウォーキングなどを始めれば、そのまま自分の脳をバージョンアップさせることにつながります。すでに四十代のころからジョギングを始め、いまも毎朝ウォーキングをしているわたしは、これを知ったときに「得したなあ」と、つくづく思ったものです。

運動が体の修復作業をうながす

もう一つ重要なことは、前章でも述べた「老化」との関係があります。

科学的に「加齢」という現象は存在するが、「老化」というものは存在しない。それでも人が老化していくのは、「自分も年を取ったな」という思い込みから生まれる〝心理的な病〟に過ぎないのだ、ということを述べました。

しかし、ここで問題としたいのは「加齢」のほうです。いくら老化が病だとはいえ、やはり肉体は、年を取れば若いときのままではありません。肌は瑞々しさを失い、内臓は弱くなり、筋肉や骨は衰えていきます。どうしてこうなってしまうかといえば、長い人生を通じて蓄積した体内組織の〝疲弊《ひへい》〟や〝歪《ゆが》み〟、あるいは〝ダメージの積み重ね〟が原因となっているのです。

たとえば〝骨〟というものを、ここで取り上げてみましょう。

実はわたしたちが日常生活でちょっと動くだけでも、骨には目に見えない小さな〝キズ〟が入っています。これを専門的には「クラッキング」という言葉で呼んでいます。これを修復するためにカルシウムが吸着し、骨を強くします。

太ももの筋肉も骨と同じように運動によって炎症を起こします。だからわたしたちの体では、「サイトカイン6」というホルモンが分泌され、傷の除去作業が行われていきます。つまり、傷ついた細胞をガバッと根こそぎ削り取ってしまうのが、このホルモンの役割です。

しかし削り取られるままでは、筋肉はどんどん痩せ細るだけになります。そこでわたしたちの体では、運動に応じて「サイトカイン10」というホルモンが分泌される仕組みになっています。こちらの役割は、簡単に言えば〝修復作業〟です。

たとえば運動をすると、「サイトカイン10」が大量に分泌され、「サイトカイン6」によって削り取られた部分の骨に、新たな細胞をつくります。これは筋肉の若返りとも考えられています。すると筋肉は元通りになるどころか、細胞の数も増えます。

たとえば骨折した人がリハビリを頑張れば、その部分の骨は、前よりも一層、頑丈になっている。あるいは運動するたびに、筋肉がむくむく付く。これらはすべて、「サイトカイン10」の効果によって、うながされているのです。

そこで問題は、五十になる前くらいの年齢です。

長年の蓄積で、体全体の〝キズ〟は多くなっていますから、体内では多くの「サイトカイン6」が分泌されています。しかし一方で運動不足であれば、「サイトカイン10」のほうは、あまり分泌されてきません。

その結果、どうなるか?

内臓の組織が弱くなり、筋肉がしなび、骨がどんどん痩せ細る一方で、修復作業はまったく間に合わない……。体が満足に動かなくなるのは当然ですね。

「老化病」を防ぐには、ただ一つ。「運動をする」ということで、あなたの体はどんどん改善されていきます。

◉八十歳を五十代のカラダで生きる！

とにかく始めてみる

わたしは四十代のころから、もう三十年くらい「夜明け前に起きて運動する」という習慣を続けています。最初に始めたころはジョギングでしたが、いまはそれがウォーキングになりました。

しかし最初からウォーキングでも十分。一時間が理想ですが、三十分でも、二十分くらいを二回でも構いません。運動としては一番手軽ですから、ぜひ本書でもあなたに歩くことをお勧めしたいと思っています。

実際にわたしが運動を始めたころも、周囲からの影響というのはありました。というのも、わたしはビジネスの世界でも一貫してアメリカを中心にした健康科学の分野に携わっていました。

現在でもそうですが、アメリカには、八十代、九十代、時には百歳を超えても、いたって健康そのものという高齢者が大勢います。これは百歳以上の人が多いにもかかわらず、そのほとんどが介護を受ける生活を余儀なくされている日本とは明らかに違います。

そして、そのアメリカの健康な高齢者を見れば、例外なく運動する習慣を持っているのです。それこそあなたが西海岸やハワイあたりに行けば、楽しくウォーキングをしている高齢者たちに何人も出会うでしょう。

そういった現象を目の当たりにして、やはりわたしも運動を始めました。その結果、いまでは七十五歳にして五十代の肉体を自負しているほど。本当に「やっててよかったなあ」というのが実感なのです。

本書をご覧になっている皆さんも、多くは当時のわたしと同じくらいの年齢と思います。むろん、それ以上の方もいるでしょうが、**決して「手遅れ」などということはありません。少しずつからでも、とにかく始めてみることが第一**なのです。

「歩くこと」が願った夢を次々かなえていく

ウォーキングなどと言われると、抵抗感のある方もいるかもしれません。しかし、やってみてすぐわかるのは、それが「楽しくて楽しくて仕方のないものである」ということです。

すでにわたしの本をお読みになっている方は、ご存知でしょう。楽しくなる理由は、三種類の「快楽ホルモン」の効果によるものです。

まず歩き始めて十五分が経過すると、脳内では「ベータエンドルフィン」というホルモンが分泌され、気持ちが高揚し、何事もポジティブに考えていけるような脳がつくられていきます。

続いて二十分が経過するころに「ドーパミン」というホルモン。これは「希望のホルモン」とも呼ばれ、ますますハッピーな気持ちが高まるとともに、夢やアイデアがどんどん生まれていきます。

そして三十五分が過ぎるころには、「セロトニン」というホルモン。こちらは興奮を抑え、リラックスをうながすものですが、浮かんだアイデアはまとまり、実現性を持った計画へと頭の中で具体化できるようになります。

ですから歩くたびに「あれをやろう」「これをやろう」と楽しいアイデアが生まれるし、「じゃあ、ちょっとインターネットで調べてみるかな」とか「本屋で資料を見てみよう」などと、行動の一歩が次々と踏み出せるようになるのです。ただウォーキングを楽しんで体を健康に保つということでなく、まさに**歩くことには、あなたの再学習を加速させる効果がある**というわけです。

もう一つ忘れてならないのは、**〝健康的な肉体がある〟ということは、〝自分には何でもできるはずだ〟という自信にもつながっていること。**しかもウォーキング中には、絶対ポジティブな快楽ホルモンの力を借りてそれを確認できるのですから、その自信も相当強いものになります。

するとあなたの中の「ムリだろうな」とか「いまさら勉強したってなあ」という不安の感情は、どんどん押し出されていきます。残るのは可能性を信じる、意欲的な気持ちだけ。

これが自律神経系をも、最高の〝快〟の状態に変え、願った夢を次々とかなえていく結果になるのです。

◉「ときめき感」で〝発達し続ける脳〟を維持する

「ときめき」の威力はモルヒネの約五百倍!

歩くということ以外にも、人間の脳には強力な快楽ホルモンに満たされる瞬間があります。それは、「ときめき」の瞬間です。

たとえば人が誰かを好きになり、ときめいたとき。このとき、脳内では「ベータエンドルフィン」が分泌され、気分が高揚し、自分が何でもできるような〝快〟の状態がつくられます。その威力はモルヒネの約五百倍とも言われます。

実際に八十歳でもハリウッドで現役を続ける、映画プロデューサーのディヴィッド・ブラウンという男性がいます。『ジョーズ』などの映画でも知られる人物ですが、いつまでも老いることなく、次々と新しいアイデアを実現し続けています。

その秘訣は何かといったら、「一日に三人は女性を口説くこと」だそうです。まさに「ベータエンドルフィン」の効果を思う存分に生かしている、ということが言えそうですね。とはいえ、別にあなたに浮気や不倫を勧めているわけではありません。

むろん独身の方であれば、何歳でも思う存分に恋愛をしていただきたいと思いますが、「刺激のなくなった夫婦関係を解消して新しい恋を」などと考えなくても、いくらでもわたしたちは〝ときめく〟機会をつくることができます。

それは単純なことで、たとえば男性なら、再学習に関連して、ちょっとだけ〝よこしま〟な気持ちを持ってみる。「英語がペラペラだったならモテるな」とか、「大学へ通ったら、女子大生と仲良くなれるかな」とか。

そういうことを少し考えるだけでも、脳内では「ベータエンドルフィン」が分泌され、勉強に対してワクワクする気持ちが芽生えてきます。同時にファッションセンスなどを考えるようになり、それこそ雑誌の『レオン』などを見て「オレもチョイ悪路線で……」などと考えれば、脳の別な部分すら開発することができます。

これくらいなら、あくまで疑似恋愛の世界のこと。何の罪もないのではと、思いませんか？

むろん現在の奥さんや旦那さんに対して、新しい〝ときめき〟の意識をつくるということもできます。たとえば再学習を始めたら、その成果をパートナーに披露したり、教えてあげたり。あるいは趣味の世界や運動であれば、夫婦で一緒になってそれらを楽しむことも、十分にできるのではないかと思います。そうすれば再び出会ったときのような〝ときめき〟が戻ってくることもあるのではないでしょうか。

自分の欲望に火をつける！

〝ときめき〟は必ずしも恋愛と結び付けなくてもいいのです。

わたしなどは、カメラを見ればワクワク、銃を見ればハンティングと結び付けてワクワク。新しい船、車、万年筆からファッションまで、とにかく周りはワクワクするものだらけです。これらの欲望はすべて、〝ときめき〟の感情と一体のものです。**ワクワクするものを見出せば見出すほど、脳はイキイキとした夢をつくり出し、シナップスのネットワークを広げ、ヴァージョンアップを続けていく**ことになります。

さあ、あらゆるものを見て、感じ、自分の欲望に火をつけましょう。間違っても「年を取ったから」という理由で、自分の欲望にフタをしてはいけません。

3章

ボケない！　衰えない！
「生涯現役脳」のつくり方

50歳からの再学習が脳をますます発達させる

◉好奇心こそが脳を何倍にもバージョンアップさせる起爆剤

再学習で、なぜそれほど人生が変わるのか？

2章では「勉強することは、遊びとまったく同じであり、楽しくて楽しくて仕方のないものだ」ということを述べました。

それと同時に、勉強はあなたを大きな可能性に飛躍させる、きっかけになるものでなくてはなりません。つまり勉強は仕事にも連動しているということであり、それが動機ではいけないのですが、あなたは七十代、八十代に向けて一層お金持ちになっていくはずなのです。

再学習することで、それほど人生は変わっていくのでしょうか？

変わります。

そこで本章では、もう少しあなたに「勉強することの意義」というものを考えていただきたいのです。

まず「勉強が遊びだ」ということは、子どものころの〝おもちゃ箱〟を引っくり返してみるような行為で考えることができます。

たとえば、わたしは子どものころに北海道の北見というところで生まれています。そのころ家の周囲にはアイヌの住居跡というものが、よくありました。ほとんどは大きな穴があいているだけのようなものなのですが、たまにほじくりまわすと、土器の欠片《かけら》が出てきたり、矢じりなどの石器が出てきたりします。それらをわたしは〝大切な宝物〟として、大事に持っていたことをいまでも覚えています。

むろん現在なら盗掘ものかもしれませんが、もう何十年も前の話ですから時効ということで許していただきたいと思います。大事なことは、わたしが子どものときにそんなふうに人類に対する興味を持ったことが、現在のわたしの研究にもどこかでつながっているということなのです。

実際にわたしは、五十代のころから、人類史の本を読んだり、考古学のことを学んでみたりということを続けてきました。それは本当に、押し入れに仕舞っておいたおもちゃ箱を再び開けてみるような行為で、当時のわたしも、ほとんど趣味的なレベルに過ぎないと考えています。

しかしそうやって新しい学びをすると、今度はそれが、自分が専門的に研究している生命科学の分野と密接に関わってきます。

無駄なことなど何もない

たとえば前章では、ウォーキングのときに脳から分泌される快楽ホルモンの話をしました。これは科学的に「そうなっている」という検証結果の事実なのですが、「一体なぜそうなっているんだろうな？」ということを、一方で人類史を学んだ脳が考え始めます。

すると人間が歩き続けるときとは、どういうときだったのか？

当然、過去の人類は狩猟や採集活動を通して〝歩き続ける〟ということを、生き抜くためにやらざるを得なかったでしょう。すると「歩いているうちにワクワクしてくる」ということが、どれほど有利だったか想像できます。

一方で人類史を見ると、食料の少なくなった氷河期に、まさに〝歩くこと〟によってテリトリーを広げ、生存競争に打ち勝ってきたことがわかる。すると、快楽ホルモンの力は、想像以上に重要であったことが思い浮かびます。

待てよ、現代の人間は、その力をほとんど生かせていないのではないか……？

再びそれを生命科学で検証し、こんなふうに、皆さんに伝えるメッセージとして書くことができるのです。

そうすると**勉強することに〝無駄なこと〟など何もなく、すべては「自分にいま何ができるか」という問題につながっている**ことがわかります。

そしてこの「できることをする」ということは、わたしたちが社会の中で行う仕事そのもの。「勉強を続ける」ということを、まさに「自分がそのときにできること」を限りなくつくることであり、〝生涯現役である〟ということにつながってくるのです。

「勉強」は「遊び」であり、同時に「仕事」でもある……、とは、このように「あなた自身ができること」のレベルを高めていく結果、自然とそうなるのです。

◉「遊び」は好循環で人生をバックアップしてくれる

ハンティングとわたしの仕事の重要な関係

遊びで人は学び、それが仕事につながっていく。それが非常にわかりやすいのは、趣味の分野を究めたときに起こります。たとえばわたしにとっては、「ハンティング」という「遊び」が、まさに〝好循環で人生をバックアップしてくれるもの〟になりました。

そもそもわたしがハンティングを学んだのも、十代くらいの若いときです。やはり北海道に住んでいた叔父の趣味が鴨撃ちであり、少年のワクワクする好奇心から、それを教えてもらったのです。

この趣味は東京に出たころも続いていたのですが、学生でなかなかそんな趣味を持っている人もいません。そんなことから面白がられ、銃砲店でアルバイトすることができるようになりました。

ところが一方で学生として英語などを勉強していますから、「海外の雑誌の翻訳をやってみないか？」ということで、当時の学生としては破格の給料の仕事ができるようになります。英語力も身につきましたから、まさに一石二鳥でした。

むろん海外の専門誌を読んでいるのですから、ハンティングそのものの知識も蓄積されます。やがて、社会人になり、ある程度の給料を得るようになったら、アメリカやカナダでのハンティングにも携われるようになりました。

そうこうしているうちに、やがては日本を代表する国際狩猟家になってしまいます。

で、蓄積した知識を本にしてみないかということで、とうとうハンティングの専門書まで出してしまう。これは『銃を究める愉しみ』（青萌堂）という本で、専門書だから書店ではなかなか見ないかもしれませんが、それでも版を重ねるくらいの、知る人ぞ知るベストセラーです。

するとと当然、ハンティングというのはわたしの趣味であると同時に、お金を生み出す〝仕事〟にもなっているわけです。むろん現在の仕事の割合からしてみれば微々たるものですが、学生のころなどはハンティング雑誌の仕事で得たお金が自己投資するための重要な資金源だったのです。これは決して、ばかにできたものではないと思います。

たかが「遊び」が成功をバックアップしてくれる

しかもハンティングの効果は、こんなふうに副収入を呼ぶためのものばかりではありません。

たとえばわたしは、熱海の自宅で、年に二十回くらいのパーティーを開きます。集まるのはその都度、作家仲間であったり、企業のエグゼクティブを中心とした知人たちであったり、出版社の編集者たちだったりという具合です。

そのパーティーでは毎回のように、わたしは自慢のジビエ料理を振る舞います。食材は当然ながら、ハンティングによって調達したシカであったり、イノシシであったり、鴨であったり。めったに食べられない料理ですから、多くの皆さんは「来年も呼んでくださいね」とパーティーを楽しみにしてくださいます。

すると、わたしのほうは趣味で皆さんをおもてなししているだけなのですが、自然に人脈が築かれていきます。

たとえば編集者であったら、「ドクターの本を来年も出そう」と考えてくれたり、それがベストセラーにつながったりする。企業の役員さんであれば、何か新しいプロジェクトがそこから始まったりします。

実際にジビエパーティーをするようになってから、わたしの人間関係は、いままで開拓していなかった新しい世界に、次々と広がってきています。そうすると〝たかが遊び〟ではありながら、ハンティングは想像以上に、わたしの成功をバックアップしてくれているわけです。

子どものころに残した“魔法のタイムカプセル”を開けましょう

やってみれば、世界が広がっていく

わたしは何も、あなたに「ハンティングをしろ」と勧めているわけではありません。「**何でもやってみれば、そこから世界が広がっていく**」ということを言いたいのです。実際に人生が百年あるとすれば、五十歳というのは、やっと半分に到達したばかり。これからの五十年で極められることは、いくらでもあります。

たとえば、あなたが子どものときに、星に興味を持っていたとします。それでも小学生のときに高価な天体望遠鏡など買えないし、都会の星空を見上げたって、星座の一つもつなげられなかったかもしれません。

ところが**現在のあなたは、子どものころのあなたより、お金もあれば行動力も持っ**

ているはずです。ちょっと思い切ればいくらでも高価な天体望遠鏡を購入できるでしょうし、それを持って休日に郊外へ出かけることだって十分に可能なはずです。

だったら**地面ばかり見て歩いていないで、積極的に〝遊んで〟みればいいではありませんか！**　その**一歩を踏み出すことで、あなたの勉強欲にも、どんどん火がついていく**はずです。いままでは当時理解できなかった天文学だって理解できるし、サークルなどを覗けばいくらでも〝大人の天文仲間〟が増えていきます。趣味が嵩《こう》じれば、「よし大学で本格的に天文学を学ぼう」という気持ちになるかもしれません。

それに星に関することでなくとも、〝星の観察をすることで知り合った仲間〟から新しい世界への扉が開けることがいくらでもあるはずです。

現在のあなたは子どものころより可能性に満ちている

たとえば、子どものときに物語作家になりたかった。

ならば「いまさらわたしに本なんて……」と思わずに、パソコンに向かうなり、原稿用紙に向かうなりして、一ページ目を書いてみればいいのです。

子どものときのあなたは、「物語を書こう」などといっても、それこそ荒唐無稽《こうとうむけい》の空想小説しか書けなかったかもしれません。しかし現在のあなたは、子どものころに比べたらダントツの人生経験を持っているはず。会社員の視点で、主婦の視点で、主人公の苦悩を描き、美しい恋愛を描き、社会の問題点をつき……と、子どもには書けない〝大人の物語〟がいくらでも描けるはずなのです。

そして実際に五十代、六十代でデビューした作家は大勢いますし、たとえそうならなくとも、作品をネット上に公開してみれば、何かが生まれる可能性はいくらでもあります。「学ぼう」と思えば、作家としての技術を指導してくれる学校も、いくらでもあるでしょう。このように考えると、**五十代を前にした人が「遊ぼう」とか「学ぼう」とすれば、それは子どものころよりずっと可能性に満ちたものになるし、圧倒的に〝楽しい〟ものになる**のです。

だとしたら、〝子どものころにフタを閉じてしまったおもちゃ箱〟は、子どものあなたが五十代のあなたに残してくれた〝魔法のタイムカプセル〟かもしれないのです。

いまそれを開けないのは、とてももったいないことだと思います。

◉五十代の再学習が重要なわけは？

海馬は年を重ねるほど発達できる

五十代という時期は、二十代よりも、三十代よりも、四十代よりも、チャンスに満ち溢れた時代だと思います。

これは当たり前の話で、他のどんな時代よりも、あなたは確実に人生経験を積んでいる。つまりそれは、「脳の中の情報量が豊富になっている」ということなのですから、優れたアイデアがチャンスを呼び込むのは当然のことなのです。

このことは単純に、「五十歳までずっと専業主婦をやってきた」という人を考えればよくわかるでしょう。既製品で間に合わせていた人なら別ですが、たいていは家族の食事をずっとつくり続け、それなりに味の工夫などもしてきていますから、〝独自のレシピ〟というものを多くの方が持っています。

それがときどき「オフクロの味」としてもてはやされたり、近所の若い人がこぞって「教えてほしい」と寄ってきたりということがある。「本にして出版する」というところまではわかりませんが、そのレシピが公開されたら多くの人に役立つと思います。ただ、「ほとんどの人はやらない」という、それだけのことなのです。


「脳の中の情報」とは、いわゆる「記憶」にほかなりません。

記憶というと、すぐ九九を暗記するとか、歴史の年号を覚えるなど、暗記力のことばかりが想像されます。それらは「意味記憶」と呼ばれますが、もっと重要なのは「経験記憶」と呼ばれる記憶です。

「経験記憶」というと、〝初恋の思い出〟のようなものをイメージするかもしれませんが、そんな複雑な体験ばかりでなく、「意味記憶」を結び付けて何かを考えれば、すべて「経験記憶」になります。たとえば歴史の年号を覚えても、「これは、ちょうど自分が生まれる百年前の出来事だったんだな」と想像すれば、「意味記憶」から「経験記憶」に拡大されるわけです。

そして「記憶」というのは、前にも述べた「シナップスのパターン」として認識されます。とくに「経験記憶」の場合であれば、シナップスが脳細胞からピュッと伸び、新しい記憶をどんどんつくっていく。これらはすべて、脳の「海馬」という組織が中枢となって行っていると言いました。

そこで年を取れば、脳の中の情報量も増えていきます。脳細胞そのものが減るにしろ、中枢である海馬の細胞は増えているのです。年を取ればとるだけ、「情報を引っ張り出して、新しい思考（意味記憶）をつくっていくことが容易になる」というのは、科学的にも当然のことだと思います。

実際にわたしは、この海馬の能力は、年を重ねるごとに二乗倍くらいは進化するのではないかと考えているほど。四十代の人であれば、二十代の四倍は可能性に満ち溢れているのです。経験を考えれば、まさしくそのとおりではないでしょうか。

五十代の脳は岐路に立たされている

ならば六十代では、二十代の八倍。八十代では十六倍も可能性に満ち溢れているということか？

まさしくそのとおり！

五十代より六十代、六十代より七十代と、脳はどんどんバージョンアップしたものに進化していくはずです。

わたしなど五十代のときの脳と現在七十五歳の脳を比べたら、それこそ五十ccのバイクと、フェラーリくらいの差があるのではないかと思うほどです。

ところが、多くの人はそうなりません。その理由は、やはり五十代くらいのときに「老化」のスイッチが入ってしまうかどうかに、大きな境目があるような気がします。

五十代のときに「再学習をしよう」と決意した人は、そこでスイッチが入り、次々と新しい知識を吸収し、その先の〝黄金期〟へ向けて進化し続ける脳が形成されていきます。

ところが「自分には新しい知識なんて必要ないんだ」と進化への欲求を捨てた段階で、脳細胞の減少に任せ、海馬もほとんど活躍しなくなります。それはまさしく、押し入れの中で眠り続ける古い家電製品のようなものでしょう。

五十代という時期の再学習が大事なのは、まさしく人間の脳が岐路に立たされる時期だからです。**あなたは自分の脳を、押し入れの中にしまってはいけません。**

◉五十歳以後を〝第二の人生〟などととらえてはいけません

使われないものは意味がない

押し入れの中にしまったままのモノ、多少古くても快適に動き続けるもの、その違いが何かといったら〝きちんと使われているかどうか〟ということです。

かつてわたしは五十代から六十代くらいに、ポルシェのスポーツカーを持っていたことがありました。ところが当時は会社の役員だったこともあり、何かあれば必ず会社お抱えの運転手が、トヨタの高級車でやってきてくれます。

そうするとせっかくのポルシェも、車庫の中で眠ったまま。冬などはバッテリーが上がりっぱなしですから、結局は友人に安値で売ってしまうことになりました。

つまり、どんなに高性能のエンジンを持っていたって、**使われないものは意味がな**

いのです。**持っている潜在能力だって、次第に衰えていきます。**

実は自分の脳に対して、同じことをやっている人は多いのです。

リタイア＝「おじいさん」化の始まり

たとえばわたしの知人にも、大企業の役員まで務め、六十代で「とうとう引退を決めました」と言ってくる人がときどきいます。

それで「とうとう夢を実現するときが来たんですよ！」などと嬉しそうな表情で言うから、「へえ、何をするの？」と尋ねると、「妻と二人で世界一周のクルーズに出るんですよ。百日間かけて行ってきます」などと答える。

「羨ましいねえ。それで帰ったらどうするの？」と明るく尋ねると、なぜだかそこで「えっ？」と意外な表情をするのです。

「帰ったらって、わたしは定年退職するんですから。あとは、楽しく余生を過ごすだけですが……」

「ああそう……」と、何となくわたしは寂しい気持ちになります。

引退してすぐに高額の世界一周クルーズに出かけるというのですから、やはり相当のエグゼクティブには違いありません。ビジネス社会で勝ち残り、その脳には、ずば抜けた経験情報が蓄積されているはずです。

ところが、この人が「余生を過ごす」ということであれば、**せっかくの経験の蓄積も、もはや生かされることはありません。これは世の中にとって大きな損失です。**だいたい本人だってそれでは面白くないのではないかと思います。

実際に「老後はハワイで移住しますよ」と言う人や「趣味に生きます」と言う人など、最近はハッピー・リタイアメントがもてはやされていますから、定年する際は〝何もしないこと〟がさぞ楽しいように考える人も大勢います。

しかし共通しているのは、一年も経ったあとで会うと、なぜだか急に老け込んでしまっていて、「おじいさん」としか呼べないような顔つきになってしまっていることです。

つまり「のんびりしよう」と思っていても、一ヵ月もすれば同じような日々が続く現在を過去と比較して、ただ昔を懐かしむような生活になる。これからの人生に期待も見出せなくなるから、すっかり脳を使うことも放棄します。**せっかくの高性能コンピューターも、結局は「倉庫で錆《さ》びていくだけ」という状態になる**のです。

◉人間の脳は「生涯現役」を前提に進化してきた

老人が必要とされる生物学的理由

1章では、「老化」というものは、人間のみに見られる特徴だということを申しました。

野生動物の場合は自分で食料を獲《と》れなくなったら、そもそも生きていくことができません。その意味で生涯現役なのは当たり前であり、〝おじいさんのライオン〟も〝おばあさんの象〟も生存は不可能。いるとしたら、おそらくは動物園の中だけでしょう。

では、どうして人間は老人になっても生きられるのか?

もちろんそれは、子どもたちであったり、社会のメンバーであったりがケアをするからです。たとえば原始時代の社会を考えてみても、年を取って狩りのできなくなった老人世代に、みんなで獲ってきた食料を分け与えるということは、当然のように行っていたと思われます。

では、それがなぜかと考えてみてください。

「だって自分たちを育ててくれた人たちを、見放すことはできないでしょう」というのでは、生物学的な説明になりません。実際に日本の貧しい村などでは、若い世代が生き残るために〝姥捨《うばす》て〟のような風習を持っていたところもありました。また古代国家には、年老いた王が宗教的な祭儀の中で殺される文化を持っていたところもあります。

これは「残酷だ」とか「人道に反している」という問題でなく、その社会全体が生き残るために出来上がったシステムだったのだと思います。いまと違って食料が限られていた時代には、現役世代や次を担う世代に、優先的にそれが与えられなければなりません。厳しいようですが、これも過酷な環境で生き抜くために〝自然にそうなった〟という文化なのです。

ところが、特殊な文化圏を除けば、食料環境が豊かでなかったにもかかわらず、人類の社会では、〝年を取った個体を生かし続けよう〟という文化が自然に生まれてきているのです。

それは単に愛情とか尊敬の念を重んじる、ということでは片付けられません。リスクをとってでも、社会の中で老年層を生かしていこうとするメリットが、やはり存在していたのだと思います。

そのメリットが何かといえば、やはり〝経験〟にほかならなかったでしょう。

たとえば、医学というものがほとんどなかった、狩猟採集の時代です。仮に人は五十歳で現役バリバリの活動ができなくなり、獣を全速で追いかけると途中で息切れしてしまい、「もう若いものたちに、ついていけないなあ……」という状況になることは簡単に考えられます。

さて、この人には、もう群れの中で果たす役割がなくなってしまうでしょうか？

まさか、そんなことにはなりません。というのも、この人には、おそらくは十代のころから三十年以上も狩りに参加してきた長いキャリアがあるのです。体が動かなくたって伝えるべき知識はたくさんあるし、「あの山の辺りにバッファローがいるんじゃないか？」といった勘だって、若手ハンターの何倍も磨き上げられていることと思います。

女性の場合だって、それは同じです。どの季節にどんな野草が生えるかといった採集の知識、子育ての知識に生活の知恵など、やはり若い世代たちに伝達するべきことは、いくらでもあったはずだと考えられるのです。

こういった知恵の伝達は、人類が生き残るために、欠くことのできなかったこと。だからこそ〝長老〟であるとか、〝賢者〟という形で、**年を取った人間は〝社会に知恵を生かしていく〟ということで大きな役割を果たしていた**のです。

これからは実務者から伝達者へ

とするならば、過去の人間たちは〝実務者〟から〝伝達者〟へと役割を変えるだけで、年を取ったからといって「現役を引退する」などということは、まったくなかったということです。

そして求められる伝達者であったからこそ、彼らは集団のために考え続け、さまざまなアイデアを出し、それこそ〝長老〟として村の統率を担うことだってあったはずです。このような必要性から、わたしたちは頭の中に〝生涯、進化し続ける脳〟をつくり上げ、その脳を生かすような長い寿命も手に入れたのではないでしょうか。

そうした人類史を考えると、いまの人間が「現役生活を辞めて、ハッピー・リタイアを」などと考えるのは、まさに〝役割放棄〟にほかなりません。生涯現役を前提として進化してきた脳が満足できるわけもないし、「なら、健康でいる必要もないね」と、肉体も次第に弱体化していきます。

〝生涯現役〟であることには、難しいことなんて何もないのです。ただ、「**自分は五十歳になり、四十歳の人よりも十年、三十代の人よりも二十年長く生きている。だから、若い人よりも何倍もスゴいことができるだろう」という当たり前の話に立ち返るだけ。**

ここで脳の進化を止めてしまうのは、あまりにももったいないことです。

◉「こだわり」を捨てれば脳はスパークする

アイデアは年を取るほど生まれやすい

六十代、七十代からの人生がなかなか飛躍しないのには、自分がそれまでの人生で築いてしまった〝こだわり〟から抜け出せないことが理由の一つにあります。

たとえば、六十歳で定年になるまで、一貫して営業の仕事をやっていた男性がいたとします。実力もあるから、会社でも部長くらいの地位にまで上り、売上をかなり出してきた。六十でもまだまだ働けますから、「何らかの仕事をしたい」と、天下れるような会社を探したり、再就職支援センターのようなところに相談したりします。

ところが、企業で部長にまで上り詰めたほどの人です。新たな仕事先を探しても、いままでに見合う場所などなかなかありません。

では「何か新しいことを」と思っても、自分は〝営業しかやってこなかった人間〟なのです。「ほかのことなどできるわけがない」という思い込みがあるから、新しい再学習に踏み出すこともできないし、まったく別の現役活動があることなど想像ができません。

そこで「もう役割は終えたんだ」と家に引っ込んで隠居暮らしをするようになったり、「それでも……」と若い人に交じってアルバイトを始めたりする。後者の意欲は立派ですが、せっかくの蓄積はもっと生かすべきという気がします。

ですから五十代になる人は、「世の中には、自分にできることがまだたくさんある」と、生活習慣で培った枠を超え、世界をどんどん広げていただきたいのです。

まず自分の三十年くらい前のことを、想像してみてください。あなたが五十歳になったばかりだとしたら、そのころあなたは二十歳になったばかり。当時の自分が考えていたことなんて、いま考えれば「あまりに幼稚だったたな」と思えますよね。

〝八十歳になった未来のあなた〟から〝現在のあなた〟を見ても、本来なら同じことが言えていいはずなのです。だとしたら、現在あなたがとらわれている会社の仕事や自分の特性など、あまりにも小さなこだわりに過ぎないとは思いませんか？

そのうえで現在のあなたは、〝二十歳のときのあなた〟と違い、長くかけて積み上げた三十年の蓄積があります。どんな無関係のことを始めるにせよ、それらは必ずあなたの脳の中でスパークして、新しい可能性をどんどん生み出してくれます。

実際にわたしだって、そうだったのです。「早大の学部で経済学を勉強したら、過去の生命科学の研究欲に火がついた」とか、「カメラに凝るようになったら、それをどういうわけか脳がハンティングの知識と結び付け、それを生物進化の理論に展開してくれた」など、脳の中では関係なさそうな記憶同士をシャッフルし、次の自分につながる新しいアイデアが次々と生まれてきます。まさしく「海馬」の力です。

経験を積めば積むほど、新しいアイデアは生まれやすくなる。五十年の人生で一分野を極めた人は、実は「新しいこと」に関しても、可能性を無限に持っているのです。

常識を突き破る、意識革命を

ところがこの無限の可能性も、あなたが現在のこだわりを突破して、意識革命を起こさない限りは生まれてきません。だからこそ、あなたは「自分にできること」を子どものような想像力で描くべきなのです。

重要なことは「何を勉強するか」でなく、「何ができるか」に夢を広げること。そうすれば必要な学習など、あとから勝手についてくるでしょう。

実際に最近のわたしなどは、英語の学習力がみるみる身についています。昨年くらいから学習を始めてすでにテキストを二冊くらい片付けていますが、何も勉強をして資格を取りたいというわけではありません。「ケンブリッジに留学したいなあ」という大きな夢を抱くようになったからです。

これは宇宙に夢を持っている子どもがプラネタリウムに行ったり、動植物が好きな子どもが図鑑を見るのと同じこと。それが物理学や生物学という学問レベルのことにつながり、やがては自分の仕事としてその分野で力を発揮できるようになる。勉強とは本来、そういうものなのです。

なのに多くの人は、「営業の仕事をしてきた自分は、何を学べば役に立つだろう」と、つい用途のほうから先に考えてしまう。それでは「就職に有利だから何学部に入ろう」という学習と同じで、結局は使えない知識を増やすだけになります。

卒業して学歴がつく学生ならまだしも、五十歳以後の人生に、この勉強法は通用しません。勉強の古い常識観は、もはや突破しなければならない時期なのです。

◉七十代、八十代で大富豪になる！そんな人生を目指しましょう

六十代、七十代と尻上がりになる加速人生

五十代からの再学習は、高校生が大学生になるのとは違います。なりたての大学生には社会人経験もなければ、人生経験だってたかがしれたもの。それに対してあなたには、これまでの人生で築いた長い蓄積があります。

それならば、当然、再学習を終えたあとのあなたは、新入社員と同レベルではありません。**人生経験にさらに新しい知識を上乗せして、これまでやってきたことよりさらにスゴいことができる。これが年々加速して、どんどん尻上がりするライフスタイルをつくり上げることができます。**とても魅力的なことだと思いませんか？

その加速人生を通じてみたら、五十代などというのは、まだまだ入門レベルみたい

なものです。六十代でやっと日雇いのアルバイト。七十代になって、何とか実業家。では八十代になったらどうか。

それこそ大富豪に等しいレベルで、脳を進化させていくことが可能だと思うのです。


これは別に単なる比喩で言っているのではありません。脳をそのくらいのレベルに成長させることが可能なら、現実的な収入だって当然、それに見合うものにすることができるはずです。

そもそもわたし自身は「現役」というのをリアルで生々しいものと考えてきましたから、自分の勉強してきたことは、そのまま生産活動につなげてきています。もちろん「金儲けのために勉強する」という意識はありませんでしたが、それでも長いビジネス経験がありますし、「学んだことは生かそう」という意欲も強いため、それは必ず自分が仕事としてできることに還元されてしまうのです。

お陰さまで、七十代になってから北海道に別荘も建てられたし、銀座にマンションを買うこともできた。好きなものを買うことができれば、好きな人に投資することもできる。そのうえ留学まで可能という具合になっているのです。つくづく勉強とは、素晴らしいものだなあと思います。

現役であり続ける

こんなことは、本当は誰にだって可能なのです。

それなのに人は年を取ると、現役の世界から離れ、いままで築いた資産を年々細かく削っていくような人生を選びます。せっかく頭の中には素晴らしい脳が形成されつつあるのですから、もっと大きな夢を頭に描いていくべきではないでしょうか？

そういうことを言うと、決まって「七十代、八十代になってから、そんなに贅沢する必要はないでしょう？」と疑問を呈する人がいます。

しかしこれこそ本末転倒な話で、「お金を稼げる」というのは、「それだけ社会の中で貢献できる」ということに等しいのです。年々進化する脳の成果を世の中に生かそうとすれば、必然的にお金は入ってくることになります。逆に、少ない資産をうまく運用して「老後の安心プランを」などと考えたって、自分自身がラクになる以外に得をする人はほとんどいません。

それに、七十代、八十代の黄金期で大富豪になれる人は、お金を社会に役立つことに積極的に使用することができます。もはや子どもの教育費を心配する必要はないし、墓場までお金を持っていくこともできないのです。だったら慈善活動に投資したり、奨学金を出したりして、若い世代にチャンスを与えることもできるではありませんか？

現にわたしも、各国の学生たちの学費援助を行っていましたし、現在では大学院生一名、大学生一名に奨学金を出しています。これができるのだって、やはり〝現役であり続ける〟という人生を選んでいるからこそなのです。

そして、余ったお金で、精一杯人生を楽しむ……。そのための勉強であるなら、苦痛でなんかあるわけがないですよね！

4章

勉強の波にのるコツ・続けるコツ

モチベーションを高め、持続させるちょっとした工夫

◉ 勉強は「面白く」やらなければ、勉強じゃありません！

自分に魔法をかけましょう

わたしは七十歳のときに「作家宣言」をしたという話をしました。このときに一番初めにやったことがあります。何だと思いますか？

それは銀座の伊東屋に行って、「新しい万年筆を購入する」ということです。

わたしは昔から、基本的に文章は原稿用紙に書く人間です。現在はほとんどの人がパソコンを使用するでしょうし、わたしももちろんワープロソフトを使いこなします。

しかしアイデアを出したり、本の展開を考えるときは、直《じか》に文字を書かないと思考が動いていきません。そのためには「できるだけペンにも凝りたい」ということで、実は古くから万年筆のコレクションをしているのです。

そのコレクションたるや、ちょっと人にも自慢できるほど。ビスコンティのものなどは百六十万円くらいしますし、ルイ・ヴィトンの特別なインクを使うペンなども所有しています。しかしどちらかといえば、この二つは、小切手を切ったりするときの特別なペン。わたしが原稿執筆に愛用しているのは、ヘミングウェイとアガサ・クリスティのサイン入り、モンブランの万年筆です。

想像してみてください。たとえば本書のような啓発書であれば、ヘミングウェイのペンを使ってみる。キューバに在住し、老いてもなおアクティブな人生を過ごしてきた大作家に思いを馳せ、まるで彼になりきったように、わたしは自分のメッセージを原稿用紙に載せていくことができます。

逆に「若い人向けに面白い本を書きたいなあ」というときには、積極的にアガサ・クリスティのモデルを使ったりします。すると細部に伏線を敷き、「読者をビックリさせてあげよう」などと、まるでミステリー作家になったかのように話題を展開することができていきます。

モチベーションを高めるとっておきの魔法

何が言いたいかというと、要するに〝気分〟なのです。

たとえばあなたは本書をここまで読み、「よし、わたしも勉強をしよう！」と思いかけているかもしれません。ところが、あなたの現在の住まいには、自分の勉強部屋とか、あるいは書斎のようなものが用意されているでしょうか？

あるいは、ちゃんとした勉強机というものが、用意されていますか？

コタツに入り、隣で誰かがテレビを見ている環境で、「よし、読書しよう！」などと気合いを入れたって、できるわけがありません。あたかも自分が学者か研究者になったかのような気持ちで、できる限り、自分のモチベーションを高めるような〝環境づくり〟をしていただきたいのです。そういうことを言うと、ときどき「ひょっとしたら三日坊主になるかもしれませんから、勉強が軌道に乗ってきたら、環境を考えますよ」とおっしゃる方がいます。しかし、それでは遅いと思います。

勉強してから徐々に環境を整えていくのではなく、最初に環境を変えてしまい、「自分はすでに変わったんだ」という魔法をかける。そのほうがよっぽどモチベーションは高まるし、勉強の持続性も伴っていくのです。

◉再学習の成功は環境で決まります

環境が再学習の成否を分ける

まず環境を整えろとわたしが言うのは、実際に自分自身が、やはり再学習に関して〝環境の影響〟というものを大きく受けているからです。というのも、実はわたしが再学習を始めた時期は、現在の熱海の家に居を構えた時期にピッタリと重なっているのです。経緯を述べれば、熱海の家をわたしが購入したのは、五十代の後半くらいのことではなかったかと思います。このときはまだ会社で役員をしており、新幹線で熱海から東京へ通うライフスタイルが続きました。

ちょうどこのころから、新幹線での通勤時間を利用して、わたしは英語の再学習を始めています。といっても駅のキヨスクで『ジャパンタイムス』を買い、東京に着くまでに読破するといった方法です。しかし、自分の英語力の回復を確信したのでしょう。会社の仕事にも余裕ができたのに合わせて、早大への再入学を決心します。これがＭＢＡにまで発展したのは、１章で述べた通りです。

この間にもずっと新幹線通勤は続いていたのですが、会社を退職したのは、六十八歳になって東京工芸大学を卒業したあと。その後、完全にわたしの仕事場は熱海となり、七十歳で作家を宣言。『あなたが変わる「口ぐせ」の魔術』というベストセラーを出すのは、その一年後でした。そうすると、熱海の家がまさに最高の「書斎」であり「研究室」であったということは、結果を見ただけですぐにわかります。わたしにとっての再学習の成功は、熱海の環境なくしては考えられなかったと思います。

心地よい刺激が脳に画期的な変化を起こす

ならば熱海という地は、それほど勉強にとって素晴らしいものなのか？

そのとおり、最高です。何がいいかといったら、第一に「海が見える」ということです。わたしの仕事場は、壁一面のガラス窓の向こうにあるのが、海だけ。視界を遮《さえぎ》るものは何もありません。部屋に居れば、一日中、海が目に入ってきます。しかも書斎のデスクに座れば、ほとんどアイレベルに水平線が広がるような状態になります。海というのは、穏やかに見えながら、実にさまざまな表情を見せる〝変化の激しいもの〟。朝日が昇るときの清々しい表情、太陽が昇ったあとの大らかな表情、日が沈むときのロマンチックな表情に、夜の静かで穏やかな表情……。

実際、海の表情は一時として同じものはありません。ただオーシャンビューを眺めているだけでも飽きません。ところが、さらに仕事場の目の前にマリーナがありますから、ヨットやクルーザーなどの美しい船が、しきりに出入りします。

このような変化は、無意識下で、脳に心地よい刺激を与えてくれます。だからわたしは何気なく仕事をしていてもアイデアがどんどん生まれるし、退屈したり、イライラした気持ちになることがありません。

脳は、刺激を与え続けなければ、画期的な仕事を成し遂げてはくれないのです。新しい刺激がなければ、新しいアイデアが生まれるわけもありません。

その点、海の見える勉強環境は、脳に入ってくるものが〝新しい刺激〟ばかり。だから勉強の成果も、格段と大きいものになっていったのです。

◉「勉強のスペース」をどのようにつくるか

環境は無意識下に作用する

勉強にとって環境が大事ということは、アメリカの大学などを見ると、よくわかります。

たとえば、わたしは自分の息子をシラキュースという大学に入れています。わたしも遊びに行ったことがあるのですが、何しろビックリしたのは、キャンパスが町そのものだったことです。自然に囲まれ、端から端までは十四キロくらい。学生は構内をバスで移動。おまけに、あらゆる施設もキャンパスには整っています。わたしと息子は大学構内でランチをとったのですが、その場所はなんとシェラトン・ホテルでした。

こういう勉強の場は、やはり無意識下で脳に影響を与えるのです。つまり、「自分はこういうところで勉強しているんだ。間違いなく将来は、この環境に相応《ふさわ》しい人間になるぞ」と、どこかで自律神経系に作用しているのです。だから描く目標も当然のように大きくなるし、それを実現するためのアイデアも勉強の成果として、しっかり生まれるようになります。優れた学校が優れた生徒を輩出し続けるのには、そういった環境の影響というのも無視できないのではないでしょうか。

アメリカの大学ほどスケールは大きくありませんが、たとえば日本の東大や早大などのキャンパスでも、歩いていれば歴史的建造物にどこかで出会います。

これらもやはり伝統への意識を無意識に与えていきますから、必然的に「自分もそういう伝統への仲間入りをしているのだ」という気持ちを与えることになります。むろん、どう考えても影響を受けていなさそうな学生も多いのですが、やはりこういう環境は勉強のモチベーションに大きく左右しているのです。

環境こそが勉強モードのスイッチをONにする

そこで問題は、あなたがどういう勉強環境をつくるか……ということです。

学校に入るにせよ、必ずしもあなたの通うところは立派なキャンパスのあるところではないかもしれないし、もっと簡単な手段で勉強を始めるという人が圧倒的多数でしょう。それでも最低限、「自分が勉強するための快適なスペース」は、やはり用意するべきだと思います。

むろん自宅に自分の部屋があったり、書斎があったりという人は、それに越したことはありません。しかし現在の日本の住宅環境を考えれば、〝子ども部屋はあるのに、自分たちの部屋はない〟というほうが、案外と多いのかもしれません。

ならば寝室でも、居間でもいいですから、やはりちょっとしたスペースをつくって、自分のデスクをきちんと整えることです。筆記用具を揃え、ノート型でもいいからパソコンを自分用に一つ購入する。ブロードバンド回線もつなげ、インターネットも快適に使えるようにしておく。そのうえで〝研究者らしい体裁〟を、どんどんスペースに整えていけばいいのです。

「勉強のためのスペース」をつくっておけば、そこに身を置くだけで、徐々にあなたは「勉強モード」に入っていくことができます。環境に身を置いた瞬間に「勉強するぞ」というスイッチが入るため、意識革命を起こすにも非常に効果的なことなのです。

◉週末は別の場所へ環境を移してみる

環境が変わると脳は新たなネットワークをつくる

熱海へ来てからわたしの向学心に火がついたのには、日々の環境変化が生み出す〝脳内刺激〟というのも大きかったと思います。

というのも、わたしはそのころ、東京にある会社に通勤していたのです。熱海の風景と東京の風景は、まるで別の国に来たくらいに異なりますから、脳に与える刺激は大きくなります。先に説明したように、同じような環境にずっと身を置いていれば、思考はどんどんマンネリ化していくのです。それに対して異なった環境に身を置けば、脳には新しい情報が入り、新しいシナップスを次々と伸ばしていきます。

こうした新しいシナップスが古いネットワークとつながり、いい考えをどんどんうながしていく。だからこそ勉強するに当たっては、「自分の居場所を積極的に変えていく」ということが効果的なのです。

気分が盛り上がると、脳は新鮮な刺激を受ける

幸いにも、熱海のオーシャンビューは、同じ場所にいても次々と新しい風景を見せてくれます。しかし最近は脳が新たな刺激を求め出したのか、勉強のための別環境をわたしはつくり始めています。

その一つは北海道の別海につくった、ログハウスです。

ここは森に囲まれ、大自然の空気がそのままに感じられるところです。

周囲にあるのは牧場くらい。庭先を歩けばエゾシカに遭遇するし、サンルームでたたずんでいれば目と鼻の先に丹頂鶴がやってきます。

冬に窓の外の雪景色を見ながら、暖炉に薪をくべる……。パチパチという火の音をBGMにしながら、ゆっくり読書をする……。気分はかなり盛り上がりますよね。

もう一つの別環境は、東京の中心である銀座です。

わたしはセミナーなどを主催する関係で、週末はほとんど東京に出ています。その

機会を利用して〝銀ブラ〟などをしながら、また別の刺激を脳に与えるのですが、これもまた新しいアイデアを生むには非常に効果的です。

むしろ「勉強する」というよりは「遊ぶ」というほうにずっと近いのですが、それを重視したわたしは、とうとう銀座周辺にマンションも購入してしまいました。

つまりわたしが提案したいのは、「**一箇所のスペースに閉じこもっているだけでなく、気分を変えて、ときおり別の環境で勉強するサイクルをつくりましょう**」ということです。

理想としては別荘でも持ちたいところですが、別にそこまで投資する必要もありません。旅行するような気分で、週末に一泊して自宅以外の場所で勉強してみる。それだけで脳にも、新鮮な刺激を与えることができると思います。

◉「別環境に身を移す」二つの効果

意識を高め、集中力が増す環境

実際に学習の観点から見れば、「別環境に身を移す」ということには、二つのメリットがあることがわかります。第一は「集中力が増す」ということ。第二は「考える機会がつくれる」ということです。

第一のメリットは、よく締め切り前の作家が、ホテルなどに閉じこもるのと同じです。たとえばあなたが、とにかく自分の勉強の成果を、一つの論文にまとめてみたいと考える。そのときはホテルや旅館などに場所を変え、集中してそのことだけに意識を向けてみる……。あまりわたし自身はそういうことをしませんが、一回このようなことをやるだけで、学力が一気に飛躍することもあります。

その際に重要なのは、〝遠くに行く〟というよりも、むしろ〝いい宿泊場所を選ぶ〟ということだと思います。たとえば東京に住んでいる人なら、遠くには行かず、その代わりに少し高級なホテルに部屋を予約してみる。それこそリッツ・カールトンやフォーシーズンズのようなところに泊まれば、アイデアも上質のものが生まれるかもしれません。自分の成長のことを考えれば、宿泊費など安い投資ではないでしょうか。

ボーっとする時間に脳は情報整理している

第二のメリットに関しては、とにかくボーっとできるところに行くこと。そのためには普段の環境から離れ、まったくの異世界に身を置いてみることが大切です。

実を言うと、わたしは別海の別荘を、ほとんどそのために使用しています。

最初は大量の本を郵送して、それこそ「勉強しよう」という気で行ったのですが、ほとんどそれらは読むこともなく過ごしてしまいました。それより「外の風景を見ながら、ただボーっと考えている」ほうが、よっぽどメリットがあることに気づいたのです。この**〝ボーっとする時間〟に、実は、脳の中では情報が整理され、考えの土台のようなものが、しきりに芽生えてきている**のです。

だから一度ここに行って、普段の熱海の環境でいろいろなことをやり出すと、とたんにそこから新しい発想が次々と生まれてきます。おそらくつねに忙しく働いていた人は、ほとんどその効果を味わえていないのではないでしょうか。

五十代くらいからは、時間にも余裕が出てくると思います。海のそばでもいいし、山の中でも、湖のほとりでも構いません。一度そういう場所に出かけていき、**「一日中、ボーっとしてみる」**ということをやってみればいいのです。

その時間がムダになるということは、決してないとわたしは思います。

◉「勉強になったな」「今日も成長したな」という言葉を、たえず口にする

〝らしくなる〟工夫があなたの意識を変える

ずっと「環境を変える」という勉強の方法を述べてきましたが、〝気分をつくる〟というだけなら、もっと簡単な方法でやることもできます。

たとえば年配者を対象にしたセミナーなどで、「皆さんには人生経験があるんですから、本を書くなんてことはいくらでもできますよ」と、わたしは言います。

そう言われても「なかなか踏み切れない」という人が多いのですが、上手な人は「じゃあ、わたしは本を書くときはこういう名前にします!」などと、先にペンネームのほうをつくってしまうのです。それで本当に書き出しますから、これも自分のモチベーションを上げる一つの方法なのでしょう。

わたしが「万年筆を買った」というのも、これと似たようなモチベーションの上げ方です。やはりあなたが学生から社会人になったときだって、スーツや靴やカバンを新調したり、新しい腕時計を買ったりと、〝らしくなる〟ためのさまざまな工夫をしたことと思います。

同じように、**あなたもこれから新しいステージに立つのですから、何か〝自分は変わった〟という象徴を一つつくってみるといい**のです。

たとえば、それまでは買わなかったような高価なブランデーを購入してみる。そして勉強を終えたあとに、自分に対するご褒美として、ちびちび飲む……。

これも一つのセレモニーのような形で、あなたの意識を変えていくことと思います。

口ぐせがあなたの人生を変える

もっと簡単なのは、「言葉で自分の気分を変えていく」ということです。

1章では、**「言葉を口に出す」ということは、自律神経系の「自動目的達成装置」に〝目的をインプットする〟ということにほかならない**、という話をしました。だから**自分の夢をたえず口にしている人は、無意識のうちにその夢を実現する**ことになります。

実を言うと、脳というのは現実と空想の区別がつきません。口の中に梅干しがあることを想像するだけで唾液が出るのはそのためで、「いまから梅干しを食べるぞ」と未来を述べるのでなく、「もう食べているんだぞ」と〝イメージが現実になっている状態〟を描いたほうが、体への反応も大きくなるのです。

ということは「これからお金持ちになるぞ」と口にするより、「よし自分はお金持ちになったぞ」と唱えたほうが効果的である、ということです。

なりたい自分を頭に描き、それがあたかも現実になっているかのように言葉として唱える。そうすると自律神経系は、「この人は、当然、お金持ちであるものだ」として、あらゆる思考や行動をつくっていく。

これによって、気づいたらいつのまにか現実とのギャップも解消されている、ということになるわけです。

この言葉の効果は、学習に対してはより顕著に表れてきます。

たとえば勉強中であれば、「なるほど、よくわかった」とか、「そういうことなんだ！　勉強になるなあ」と、ことあるごとに独り言を唱えてみる。

そして勉強を終えるときには、「いやあ今日も多くのことを、学んだ。勉強になったなあ」と声に出して確認してみる。

さらに眠るときには、「今日も多くのことを学びました。わたしの脳は格段に成長を遂げました」と、お祈りのように唱えてみる。

同時に朝起きたら、「昨日も勉強して、ずいぶん頭がよくなった。今日は、もっともっと多くのことを学びます！」と自己宣言してみる。

現実にそうでなくても、そう**唱えることによって「自動目的達成装置」のスイッチが入り、「ますます多くのことを意欲的に勉強し、成長し続ける脳」が自動的につくられていく**のです。

結果、あなたは「もっと勉強したい」と思うようになるし、勉強することがますます楽しくなるはずです。当然、**それに伴った成果は、あなたの人生を変えていく**ことでしょう。

◉成果が上がる前から、「頭がよくなっています」と言ってください

言葉はゴールを脳にインプットする

「言葉が思考をつくり、思考が人生をつくる」と言ったように、**言葉を先に口に出してしまえば、あとから自動的にその状態はつくられていきます。**それは会話の中でも同じ。たとえば再学習を始めたあなたが、誰かにそのことを尋ねられたとしましょう。

「最近、学校に通っているんですってね。その年から、よくやるなあ」

「いやあ、単なる手習い事ですから。暇つぶしみたいなものです」


確かに謙虚であり、日本人的ではあるのですが、重要なことは〝そのとおりのことが自律神経系にインプットされる〟ということです。

つまりあなたがやっている学習は、自然と〝暇つぶし〟程度のものになり、成果もそれに見合ったものになる。これはもったいないことです。

逆に、ちょっとだけ〝うぬぼれて〟しまったら、どうなるでしょう?

「最近、学校に通っているんですってね。その年から、よくやるなあ」

「そうなんですよ！　それ以来、頭がどんどんよくなってしまって、次々と新しい考えが出てくるんですよ。いやあ、勉強って本当にいいですよ！」

そう言ってしまえば、やはり自律神経系も、そのとおりの目的をインプットするのです。あなたは頭が確実によくなるし、新しい考えも出てくるようになります。

言葉に反応して、自分は変わる

疑問を感じていても、どこかに躊躇《ちゅうちょ》する気持ちがあっても、とにかく先に言葉を発してしまえばいいのです。たとえばあなたが「勉強をするといっても、何を勉強するんだろうなあ」なんて迷っていたとする。それでも「実は、わたしは勉強を始めるんです！」と、誰かに言うようにしてください。

「いったい何を勉強するんですか?」

「いや、実はまだそれを決めていないんですよ」

こんな答えでも、一向に構わないではないですか。

「勉強を始める」ということを口にすれば、自動的に「何をやろうか」というアイデアも生まれてくるのです。自律神経系は「勉強をする」という目的をインプットするのです。一生懸命に考えなくたって、脳は無意識の中でテーマ探しを行ってくれます。

実際にわたしが〝作家宣言〟をしたときも、脳の中では同じことが起こっていました。それまでのわたしは数冊しか本を書いたことがないし、それこそ専門書に毛が生えたようなものしか出版していなかったのです。

ところが多くの人に「作家になるんです」と言っているうちに、わたしにもだんだん「こういう本を書けばいいのかな」ということがわかってきたのです。それこそベストセラーの本を読んで「ああ、こういう本が売れるんだな」と理解したり、他人の話を聞いて「こういうテーマのものが喜ばれるんだな」という情報を吸収していくようになりました。

「作家になる」という**言葉に反応して、自分自身が大きく変わる。その結果、〝思いもつかないような素晴らしいこと〟も成し遂げられてしまう**のです。

◉頭がよくなったら、成果をどんどんアウトプットしよう

成果を発表する機会を意識的につくる

「わたしは頭がよくなりました」と言えば、もちろん自律神経系にそれがインプットされ、本当に脳がそうなるように開発していくことができます。

けれども、**実際に勉強をして頭がよくなったならば、その成果をどんどん人前で小出しにしていけばいい**と思います。**口にすることで、その言葉は確実に自分のものとなりますから、学習方法としても非常に効果的**です。

とはいえ、聞きたくない人をつかまえてムリヤリうんちくを語るのでは、相手に嫌がられるかもしれません。だから重要なことは、学んだ知識を披露するような機会をできるだけつくるようにすることです。

たとえば勉強が実技を伴うものであるなら、実践の場でそれを試すことは、いくらでもできるでしょう。

英語を学んだ人であれば、すれ違う外国人に積極的に話しかけてみるのでもいい。会計を学んだのであれば、とりあえず自分の収支でバランスシートでもつくってみればいい。小さなことでも、それを実行に移せば、確実に次のステップへとつながっていきます。

わたしが学んできたような理論的なものであれば、それを発表する機会をうまくつくればいいと思います。むろん研究発表会のような大げさなものでなく、旦那さんや奥さん、あるいはお子さんに、「こういうことを学んだんだよ」と話してみるだけでいいのです。やっているうちに話す力もついてきますから、だんだん相手も喜んで話を聞いてくれるようになるはずです。

さらに勉強して仲間が増えたなら、集まって発表し合うような機会を設けてみればいいと思います。他人の勉強の成果を聞くことだってやはり勉強になりますから、相乗効果で学習能力を高めることになるでしょう。

人に教えることで、一番成長できるのは〝自分自身〟

研究成果を話すことの効果は、何よりそれで自分の頭の中が整理され、理解も進み、新しい思考をうながすきっかけにもなるということです。

つまり**人に何かを教えることで、一番勉強できるのは〝教えられる側〟ではありません。ほかならぬ〝教えている自分自身〟が、一番成長できる**のです。

このことを知ったのは、まさしくわたしが本を書き始めたころ。大して売れた本などなかったのですが、一部の読者の方々が非常に共鳴してくださり、小さな勉強会に招かれて、そこで講師をすることになったときでした。

そこで講義したことも、まさしく本書で述べているようなことと同じ。生命科学や脳科学に基づいた生き方論のようなものです。しかし当時のわたしの論は、まだ頭の中でうまくまとまっていません。だから学者が語るような小難しい話になっていたかもしれませんが、それでも真剣に耳を傾けてくださる人たちがいたのです。

その人たちに、わかりやすく話そう、わかりやすく話そうと工夫していくうちに、だんだんと自分の中でも考えがまとまっていく。「ああ、こういうことだったんだ」

と、次第に自分が目指すべき方向も明らかになっていきました。

実は、難しいことを難しく話しているうちは、まだまだ思考が熟しているとは言えません。難しいことを、簡単に話せる人こそ、本当に頭のいい人と言えるのです。

学者なども、学会誌で小難しい論文を述べている限りではまだ本物ではない。小学生の子どもたちを感心させられるような講義ができるようになって、初めて能力の高い研究者だと見なせるでしょう。

ということは、やはり人前で話せば話すほど、学習能力もどんどん高まっていきます。わたしのセミナーでも、優秀な人には〝講師認定〟をし、講義料をきちんと与えたうえで大勢を前にしたスピーチをしてもらいます。その経験によって、本人は一段と高いレベルに進んでいくのです。

わたしも、何度も話をして思考がまとまり、それをわかりやすく話せるようになった段階で、次のステップへ進むことができました。それがどういうことかといえば、新しい本を書き、より多くの読者に認められるようになったということ。

だからあなたも、人前で話をするようになったら、それをより高める段階へ進んでいってください。何をやるかといえば、〝書く〟ということを習慣づけるのです。

◉学びの「気づきノート」が、勉強の成果を一段と高める

「書くこと」であなたに何が起こるか？

「話すこと」は「書くこと」と同様に、思考をまとめてくれる優れた手段です。

たとえば本書を読み終えたあと、原稿用紙を買ってきて、「自分がこれから学ぶべきこと」というテーマで八〇〇字くらいの作文を書いてみてください。

「いったい自分は何から始めたらいいんだろうなあ」なんて悩んでいる人は、最初のとっかかりが大変だと思います。書いては捨て、また一から書き直してと、最終的に書き上げるまでに、ひょっとしたら一週間から二週間もの時間がかかってしまうかもしれません。

それでもいざ書き上げたあとに、何が起こるか？

もう、あなたは「次にやるべきこと」を決め、そこに向けて動き出しているはずです。つまり、その文章を誰が読むかなんて関係ありません。**「書く」という行為が自分の思考をうながし、それが行動につながっていくことが大きい**のです。

わたしは再学習をする人ならば、最終的に「本を出版する」ということは、必ず目標の一つに掲げてほしいと思っています。

むろん本というのは結局はエンターテインメントの世界ですから、「どこか出版社が出してくれるだろうか」とか、「書店に並べて売れるだろうか」というのは別の話になってきます。ときどき大金をはたいて自費出版のようなことをする人もいますが、〝営業活動に使おう〟といった特別な用途がない限りは、あまり勧められたものでもありません。

しかし〝百ページから二百ページくらいにわたって自分の論をまとめる〟ということで、自分自身に返ってくるものは大きいのです。たとえ本にならなくたって、脳を成長させ、次のステップにつながっていきます。だから「本を一冊書いたことが、自分の成功につながった」という人は、非常に多いことが事実なのです。

実際にわたしは、七〇年代の終わりに『八十歳現役論』という本を書いています。当時、栄養学の講師を短大でやっていた関係でこの本が書けたのですが、いま目を通してみると、「適当なことを言っているなあ」という気もします。科学的な根拠づけもほとんどできていないし、ちょっと人前に出すのが恥ずかしいくらい。一応は〝続編〟も出ているのですが、大して当時の話題にもならなかった本だと思います。

ところが、そんなことを書いたわたしがどうなったか?

アンチエイジングの分野の研究で名が知れただけでなく、ほかならぬ自分自身が「八十歳現役」を見事に実現しようとしているのです。書くことで目標が実現するなら、これほどハッキリした証拠品はないかもしれません。

反省は決してしない

とはいえ「本を書く」というのは、やはり敷居の高い目標でしょう。

いまのあなたが**「勉強しよう」という意欲を持ったなら、まずは簡単なものから「書く習慣」をつくっていくことが大事**だと思います。

それが何かといったら、〝日記〟です。

日記ほど大げさでなくても構わないでしょう。毎日の成果をつけるメモ、それこそ**ノートを一冊買ってきて「気づきノート」といったものを簡単につけていくだけで構わない**と思います。

そこに書くのは、「今日、どんなことを勉強したのか」。

そして「どんなことを考えたのか」「どんな成果が自分にあったのか」ということ。

これらを毎日のようにつけていくだけでも、思考はどんどん整理されていきます。

あなたは勉強することでさまざまな発見ができるようになるし、それを身の回りのいろんなことと結び付けて考えられるようになります。

それでちょっとつまずいたときには、過去のノートを遡《さかのぼ》ってみればいいのです。

「ああ、こんなことを考えたんだけど、すっかり無視していたな……」と、そこから新しいアイデアが広がっていくこともあるはずです。

「気づきノート」のルールは一つだけ、〝反省を決してしないこと〟です。

つまり**「今日は思うように成果が出なかった」とか、「もっとこうすればよかった」ということは書かない。「いいこと」だけを見つけて、必ず成果を出した事実のみを**

記述していくことが大事です。

たとえば「**もっとこうすればよかった**」。**よかったというのは、裏を返せば**「『**今度はこうしてみよう**』**と気づけた**」**という、まぎれもない成果**です。**そのようにして**「**自分は成長している**」**という前提を忘れずに、ノートに記入していく**のです。それで勉強の効果は、どんどん大きくなっていきます。

その気になれば、最近はブログという便利な手段もあります。「人が見るかもしれない」と意識すれば自然にノートの質も高くなるし、「更新しなければいけない」という締め切りのような効果も与えてくれます。

それに誰かがコメントなどでもしてくれたら、間違いなくモチベーションにつながりますから、勉強して成果を出すことがどんどん楽しくもなってくるでしょう。更新は簡単ですから、積極的に取り入れてみるということも、一つの方法ではないかと思います。

5章

人生百年時代。カラダと脳を同時に鍛えていきましょう

体が若返ると脳も心も若返る！

◉勉強は〝脳だけ〟でやるものではありません！

脳は体の一部です

頭でっかちに勉強する人が、いつも忘れてしまうのは、「**脳は体の一部である**」という事実です。

つまり、体とは別に〝脳〟というコンピューターが付属して、機械を動かすように神経回路を通じて操っているのではありません。**あくまで体に支えられて脳は存在している。体なくしては、どんなに脳を鍛えたところで機能しなくなる**のです。

実は勉強の世界にどっぷりつかっていた人ほど、この事実を忘れてしまいます。

脳のほうは一生懸命に勉強して知識を詰め込むのですが、体のほうはまったくケアすることを忘れている。その結果、七十代、八十代になって痴呆症で脳が言うことを効かなくなったり、早い人だと向こうの世界の住人になっています。

わたしと同年輩の人でも、やはり大学教授になり、いまや名誉教授となって、権威だけは立派になっている人が大勢います。

でも「このごろは論文も書いてないし、どうしているのかな」などと思い、久々に会うと、もごもご言っていて何がなんだかわからない。「あれだけキレる人物だったのになぜ？」と、非常に寂しい思いをすることがよくあるのです。

強固な肉体が脳を支えている

わたしの人生が変わったなと思うのは、何よりも四十代のときにジョギングを始めたことではないかと思います。

実際に始めたときは、いまより三十年以上も若かったにもかかわらず、やはり大変ではあったのです。それまで学生生活を通して、柔道のような格闘技しかやったことがないし、そもそも当時のわたしは運動不足になっていました。だから五百メートル走るだけで、もう死にそうになっていたものです。

それでも〝やり続けた〟ということが重要でした。半年もすれば一時間くらいの軽いジョギングができるようになったし、その後は「ウォーキングでも大丈夫だ」ということを知り、忙しい毎日でもその習慣を維持することだけは続けていきます。

たとえば熱海に住み、会社の役員をやりながら、博士コースの大学院にも通っていたという時代です。新幹線なら五十分ほどですが、それでも始発と終電の時間はハッキリしている。会社ではそれなりに仕事はあるから、毎日必ず出勤だけはしなくてはいけない。博士課程の授業は出席義務はなく、指導教授との面接が週一回くらいある程度なのですが、その代わり専門の論文を読み、自分の論文も書いていかなくてはなりません。

ならば、ちょっと運動はさぼって……と、なりそうですが、何より運動を楽しんでいるわたしにはそれもできない。

そこでどうしたかといえば、「毎朝三時半くらいに起床し、一時間ほど勉強したあとで、海岸に運動しに行く」という習慣を続けていったのです。そうまでして運動の習慣は確実に続けていきました。

もっともこれは、やってみればまったく苦痛ではありません。むしろ新鮮な空気を浴び、朝日が昇る美しい風景を見ながら運動できますから、かえって快適だったくらいです。

睡眠時間は四時間ほどになりますが、これも体への悪影響などありません。睡眠時間は多くは体質の問題に左右され、わたしは平均四時間で十分に快眠できるタイプ。それに重要なのは〝毎日同じ時間の睡眠を維持する〟ということで、日によって長かったり短かったりするバラバラの睡眠が、健康には一番よくないのです。

こうして運動する習慣を、わたしは三十五年も続けてきました。

いまのわたしの健康バロメーターは、「赤倉のチャンピオン・コースを含む頂上から下までノンストップで滑ること」ですが、いまだこの基準をクリアできなかった年はありません。それくらい強固な肉体の上に、脳はしっかりと居座っているのです。

◉「運動」と「勉強」をミックスした〝快適習慣〟をつくりましょう

運動すると、学習効果が高まるのはなぜ?

運動することの重要性は、すでに2章で述べていますから、ここで詳しくは述べません。しかし「**体と脳が一体である」ということは、脳を鍛えるためには、当然、体も鍛えなくてはいけない。つまり勉強と運動は、必ずひとまとめにして習慣づけをしなくてはならない**ということです。

そのための効果的な方法は、いくつかあります。

たとえば、先にわたしは「朝早く起きてから勉強し、それから運動に出かけた」ということを述べました。いま考えれば、その習慣は必ずしも効果的とは言えません。

「運動をしてから勉強する」というルーチンのほうが、明らかに学習効果は高くなります。

このことについては、すでに少し説明しました。**ウォーキングなどをすることによって脳内では「BDNF」というホルモンが分泌され、これが脳の「海馬」のエサとなり、活発な活動をうながしてくれる**というものです。

ということは、**〝運動したあと〟の状態は海馬にエネルギーが注入され、あらゆる思考が閃《ひらめ》きやすい状態にあるわけです。勉強すればするだけ、海馬の脳細胞も増加するし、シナップスも大量に伸ばしていくことができます。**

最近のわたしも、まさにその通りの習慣で、研究活動や執筆活動を行っています。まず朝四時の夜明けごろからウォーキングを始め、五時半くらいに戻ってきて、ゆったり温泉につかる。そのあとの快適な状態で、さまざまな活動に取り掛かる。まさに脳は最高の成果を発揮する状態になっており、勉強も進めば、さまざまなアイデアも浮かぶようになります。

出勤に余裕が持てる人であれば、この時間割で勉強することは非常に効果的です。

ときどき「運動したあとで勉強すると、眠たくはなりませんか？」と言う人もいますが、一週間も続ければだんだん体のほうが慣れてくるものです。勉強はそもそもが楽しくて夢中になって行うものですから、飽きて眠くなるという発想が、もともとおかしいのです。

脳内ホルモンを最大限に生かす勉強法

それから「ウォーキングやジョギングをしながら、英語などのCDを聴く」といった、〝ながら勉強〟をする人がときどきいます。

もちろん運動中に「BDNF」が分泌されることからすれば、効果のないことではありません。ただ「海馬が活性化する」というのは、必ずしも「暗記力が高まる」ということではないのです。むしろ思考を回転させ、アイデアを閃かせることで、海馬の力は大きく働かせることができます。

しかも運動中には脳内で「快楽ホルモン」も分泌されているのですから、せっかくいい気持ちになったときに、わざわざ英会話を聴いているのももったいないこと。もっと〝頭を使って考える〟ということに、エネルギーを使うべきだと思います。

その点でよくわたしが資格試験に臨もうとする人に推奨するのは、運動中は「資格を取ったあとの、素晴らしい夢を頭に描いてみる」ということです。

たとえばＴＯＥＩＣテストを受ける人であれば、ウォーキング中は「英語ができるようになった自分は、これから何ができるんだろうなあ」と考えてみる。快楽ホルモンの効果で脳は前向き志向になっていますから、外国人とペラペラ交渉している姿とか、海外の友人たちと楽しくおしゃべりをしている姿など、素晴らしいイメージが次々と浮かんできます。

その状態をもって、運動を終えたあとに勉強と取り組むのです。

しかも、ただ暗記するような学習でなく、英語なら読解とか、演習問題を解くような〝頭を使う作業〟のほうが、ずっと効果的だと思います。

暗記などは、その気になれば通勤電車でも、お風呂に入っているときでも、いくらでもできるのです。それより**「快楽ホルモンの効果は、夢を見るのに使う」「ＢＤＮＦの効果は、思考力を高めるために使う」**と、割り切ってしまったほうが、よっぽど脳の作用を生かした勉強ができるでしょう。

◉勉強は「朝の時間」にやるほうが効果的なのはなぜ？

人類は長い間、朝型生活をしてきた

運動して、勉強する……。この作業をこれまで、わたしは〝早朝にやるもの〟として述べてきました。

そう、**勉強というのは、なるべくなら朝にやったほうが効果的**なのです。「時間に余裕がない」とか、「早起きはできない」と言いたい方も多いでしょうが、すでに人間の生命活動リズムがそうなっているのですから、これは仕方のないことです。

どうして生命活動のリズムが朝型になっているかといえば、人類史の長い期間、人間は朝型で生活してきたからです。ヒトという種族は誕生してから一貫し昼光性の生物であり、夜明けとともに起きて食料を得る活動をし、日が沈んだら隠れて睡眠をと

るという活動をしてきました。

〝夜遅くまで起きている〟などというのは、ほとんどは二十世紀以降の電気が発達した時代に生まれた生活習慣ですから、人類六百万年くらいの歴史から見れば、ごくごく最近のこと。「自分は夜型だ」と言っている多くの人にも、実は遺伝子の中に〝早寝早起き〟の習慣がどこかに眠っているはずなのです。

この〝早寝早起き〟の生活リズムを、科学的には「サーカディアン・リズム」と呼んでいます。「サーカディアン」とはラテン語で、「およそ一日」を指す言葉です。

実はわたしたちの体内では、この「サーカディアン・リズム」に基づいて、規則正しくホルモンの分泌が行われています。そのホルモン活動によって、人間は「日中は脳を含めて活発に活動できるように、夜は明日に備えて心身が力を回復できるように」というメカニズムに生まれついているのです。

少し詳しく説明しましょう。

実は日中のわたしたちは、「交感神経」と呼ばれるシステムに制御されています。このとき体内では「ステロイドホルモン」と総称される、「グルチココルコイド」や

「コルチゾール」などの〝体を臨戦態勢にするためのホルモン〟が分泌されています。

これらの効果によって、日中は血糖値が高くなり、体からは活力が湧いてくる状態がつくられます。日中といってもそのピークは朝の七時ごろになりますから、勉強にせよ仕事にせよ運動にせよ、そのくらいの時間が一番、本来は効果的なのです。

体内の生命リズムを生かす習慣を

ところがこの「ステロイドホルモン」は午後にかけて減少し、日が沈むころになると「メラトニン」というホルモンに切り替わります。このとき体は「交感神経」から「副交感神経」と呼ばれるシステムに移行します。

メラトニンの効果は、簡単に言えば〝癒し〟です。

つまり「ステロイドホルモン」によって高まった血糖値を下げ、あらゆるストレスを除去していく。体の臨戦態勢が弱まることによって新陳代謝や免疫力も弱まりますから、この時間に人は眠りに入るのです。

当然ながら〝癒しのモード〟に入っているときに勉強をしたところで、その効果は〝臨戦態勢にあるとき〟に比べ弱まっていきます。

とくに午前一時から三時くらいの間には、最もメラトニンの分泌量が多くなっていますから、その時間に勉強をするのは、禁酒セラピーを受けながら大酒を飲んでいるようなもの。ゆっくり睡眠していたほうが、何倍も得なことは確かです。

このような**体内の生命リズムを生かすには、やはり早起きして、重要な活動は朝にやったほうがいい**のです。

むろん会社勤めをしている人が「大学へ行こう」と思ったら、退職するまでは夜間の大学に行くしかないとは思います。最近は早朝セミナーなども多くなっていますが、やはり大半は夜にやるものがほとんどでしょう。

しかし自宅での勉強や自発的な運動などは、いくらでも朝の時間に切り替えていくことができると思います。最初こそ辛《つら》いかもしれませんが、慣れれば朝のほうがずっと気分はいいものです。ぜひ、そういうスタイルに切り替えていくことを、わたしはお勧めします。

◉五十歳になったら「一日二食」の習慣をつくる

最近、空腹感を感じていますか？

先ほどわたしが毎朝のスケジュールを説明したときに、ひょっとしたら疑問に思った方もいるかもしれません。

「あれっ、朝食の時間が抜けているのではないか？」と。

実は、わたしは長年にわたり、朝食抜きの生活をしています。「朝にウォーキングをして、勉強をして、それだけ活発な活動をして体力が持つのか？」と思う方もいるでしょうが、それはまったく逆。現代人の多くは、一日に摂るべきカロリーが多すぎるのです。

そしてこの**過剰なカロリーの摂りすぎは、たいていの場合、五十代、六十代になっ**

て体を蝕《むしば》んでいきます。その証拠に、**糖尿病、脳卒中、心臓病、高脂血症、高血圧などの、いわゆる「成人病」や「生活習慣病」のほとんどは、エネルギーの過剰摂取が要因として大きく関わっている**のです。

おそらく五十代前後くらいの年代である人は、〝エネルギーの過剰摂取〟ということに関して、何となく身につまされて感じる人も多いでしょう。そう思わない人も、よく考えてほしいのは「最近、空腹感を感じたのはいつだったっけかな？」ということです。

普通、人間が空腹感を感じるのは、だいたい食後八時間を過ぎたあたりです。このとき腸内では「モチリン」というホルモンが分泌され、腸の蠕動《ぜんどう》運動が促進されます。すなわち〝お通じがよくなる〟ということです。

さらに朝食抜きの習慣をつくると、夕食から次の日の昼食まで、約十七時間の絶食状態が続きます。

これは「体に悪い」ように思うかもしれませんが、このときに体脂肪が燃焼し始め、その他の有害な代謝産物も抑制する効果が現れてきます。断食《だんじき》が健康法となっているのも、実はこうした効果が知られているからなのです。

体脂肪や老廃物が溜まってませんか？

でも「お腹《なか》が空いては、勉強はもとより、運動などできないではないか」と、不安を持つ人もいるでしょう。

その心配はない、というのも、体脂肪が燃焼し始めた段階で「ケトン」という化学物質が生じ、空腹感を抑える作用をもたらすのです。慣れればまったく空腹感を感じなくなりますし、それでも腹が減るというのは、これまでの習慣やストレスがもたらす〝錯覚〟の部分が大きいのです。

いま五十代くらいの年代は、ほとんど過剰にエネルギーを摂りすぎ、体脂肪や老廃物が溜まりに溜まっている人も多いことでしょう。そのような肉体であれば、少しエネルギー不足になったところで、大した問題ではありません。

もとより若いころのような成長期はとうに超しているのですから、朝食くらい抜いたって大丈夫。これも〝若々しい肉体をつくるため〟と考えてみてください。

◉わたしの人生を変えた「ビタミンE」との出会い

加齢を防ぐ「ビタミンE」

現代人がカロリーの摂りすぎである一方、圧倒的に不足しているのは、ビタミンやミネラルのような抗酸化物質です。

抗酸化物質が何かといえば、体内で蓄積される「活性酸素」を除去する働きをする物質。そしてお気づきの方も多くいるでしょうが、この「活性酸素」こそ、骨や筋肉や内臓の衰えと同様、わたしたちに「加齢」をもたらす大きな要因となっているものです。

少し説明しておきましょう。

「活性酸素」とは、「電子が不安定になった酸素」ということ。その要因にはストレスや排気ガスやタバコなどさまざまありますが、普通に呼吸していても、やはり「活性酸素」は生じてしまいます。つまり、わたしたちが酸素を吸収している生物である以上、どこかで「活性酸素」が出てきてしまうのは避けられないわけです。

そして体内で「活性酸素」が生まれると、〝電子が不安定〟なのですから、それは周囲の細胞から電子を奪おうとします。電子を奪われた細胞は〝酸化〟した状態になり、ボロボロになっていきます。

これは鉄であれば〝錆びる〟のと同じ状態。年を取るとまさに〝錆びた細胞〟が体に蓄積して、さまざまな弊害をもたらしていくのです。

弊害とは、たとえばガン、動脈硬化、心臓病、糖尿病……と。まさに人間を死に至らす「成人病」の数々が、ここに当てはまります。

つまり**〝体の錆び〟が始まる前に、「活性酸素」をどんどん取り除いてくれるのが、ほかならぬビタミンやミネラルなどの「抗酸化物質」**というわけです。

その中でも最も強力なのは、ビタミンEという物質。

実はその「ビタミンEとの出会い」こそ、四十代で運動をし始めたことに匹敵する、わたしにとっての人生を変える出来事だったのです。それもやはり五十代を前にした、四十代後半の春の出来事でした。

ビタミンEの決定的な効果

その当時のわたしは、医薬品メーカーのビジネスマンであり、同時に研究開発に携わってバリバリと仕事をしていました。主にテーマとして扱っていたのはアンチエイジングであり、とくに「生殖器の老化を防ぐ」という研究をしていました。ちなみに、わたしの〝医学博士〟という肩書きも、そういった研究の成果で生まれています。

そして四十代のこのときに目をつけていたのが、実は「ビタミンE」だったのです。

「生殖器の老化を防ぐ」というと、何やらバイアグラのようなものを想像するかもしれません。しかしわたしたちが研究していたのは、そんな過激なものでなく、いまでいうサプリメントに当たるものです。

ただし現在より三十年以上も前の話で、当時はアメリカでさえサプリメントも一般的ではありません。アメリカの研究者とカナダの研究者を加えた三人でチームを組んでいたのですが、わたしたちがやっていたことは、まさに時代を先取りした、画期的な研究だったと思います。

そこで当時のわたしたちは、夏休みを利用してスイスに集まっていました。

当時開発していたのは、ビタミンEの中でも「アルファ・トコフェロール」と呼ばれる種類のもの。これにセレニウムなどを使い純粋な学術的研究をしていました。まずはそれをマウスに投与して実験を行っていました。

すると、投与したマウスたちの調子がいいのです。

性欲をなくしかけたような雄が、もう元気にメスを追い回している。実際に解剖して精巣管を取り出すと、そこにはたくさんの精子が出来上がっていました。

これはいけるだろう！　と、わたしたちは結論付けます。

製品化まではもう少しですが、あとは「人間ではどうだろうか」という問題が残っています。で、わたしたち三人は顔を見合わせて、ニッコリ笑う。

「飲んでみようか？」

まあマウスの餌《えさ》ですし、副作用の心配はさほど考えられません。誰かがボトルを持ってきて、お祝いがてら、みんなで口に入れる。そうやって定期的に、わたしもビタミンEの摂取を始めていきました。

そういう経緯もあり、わたしは今から三十年も前から、ずっとビタミンEを愛用し続けています。現在でこそサプリメントは常識になっていますが、そんな言葉さえ生まれる以前のはるか昔。〝外資系の医薬品メーカーに勤める研究者〟という特殊な立場だったからこその特典ですが、「ツイていたなあ」とつくづく思います。

◉「ビタミンE」の優れた抗酸化力とは？

ビタミンEの四大効力

ここであらためて「ビタミンE」の効力を述べておきましょう。

何といっても「ビタミンE」は、あらゆるビタミン・ミネラルの中でも、抗酸化効果の最も高いものです。「ビタミンEで、ガンになる確率が五十パーセント減らせる」「六十歳以上の人の免疫力が、若者と同じくらいのレベルになった」など、アメリカの健康雑誌の報告を見れば、その検証例にはこと欠きません。

とくに特筆されるのは、「ビタミンE」には〝脂に溶ける〟という性質があることです。すると脂肪分が多く含まれている脳や、細胞の膜にも浸透して抗酸化力を発揮することができます。

つまり血管を通して血中の酸化脂肪に作用しますから、よく言われる「悪玉コレステロール」を除去することにつながり、動脈硬化などの防止には非常に威力を発揮するわけです。

その他、「ビタミンE」の効果をまとめると、次のようなものが知られています。

・抗酸化作用
・心臓病の予防
・免疫力の回復
・ガンの予防
・脳と血液の老化防止

ビタミンEの摂取は勉強にも間違いなく有効

なかでも〝脳の老化防止〟ということに関していえば、わたしは直感的に「ビタミンEってスゴいなあ」と感じることがありました。それは四十代で愛用するようになって、しばらく経ったニューヨークから帰る飛行機内でのことです。

わたしは何気なく、本屋で買ったペーパーバックを取り出しました。当時のわたしは英語こそ話していましたが、英字を読むことには億劫になっています。英字新聞や専門誌などは仕方なく読んでいたのですが、読めば次第に目がチカチカしてきて、だんだんと疲れてくる。辞書を引くのも面倒くさく、すでに脳は老化の一歩手前まで来ていたのだと思います。

ところが「ビタミンE」の摂取が習慣化したあと、そのペーパーバックを手に取り、何と日本に戻る機内ですべて読破してしまったのです。辞書も使っていないし、なぜだか忘れていた単語も思い出している。読んだあとに自分でビックリしました。

四十代で運動を始めたことに合わせて、体のためにやっていることが、すべて脳にも影響があると、自分自身が一番実感しています。とすれば、**抗酸化物質を摂るということも間違いなく、あなたの勉強にとって有効なこと**なのです。

◉「ビタミンE」はどのように摂取すればよいか？

サプリメントは正しく使いましょう

では、この「ビタミンE」を、あなたがどのように摂取すればよいのでしょうか？
食物としては、植物性の油や胚芽米、アスパラガス、かぼちゃ、アボカド、それにマグロなどの魚類に「ビタミンE」は含まれています。しかし成人が食事から得られる「ビタミンE」はせいぜい十七ミリグラム程度であり、抗酸化を期待するなら、わたしは二五〇〜二七〇ミリくらいは必要だと考えています。つまり、食事だけでは圧倒的に足りないのです。

これを補うには、やはりサプリメントを摂取するしかありません。三十年前当時とは違って、現代ではドラッグストアで簡単に「ビタミンE」を含んだ健康食品が手に入ります。これらを効果的に使用して体を維持していくことこそ、五十代以後の脳を成長させるには大切なことでしょう。

そこでサプリメントの選び方ですが、「ビタミンE」には「トコフェロール類」と「トコリエノール類」という二つの種類があり、それぞれ「アルファ（α）」「ベータ（β）」「ガンマ（γ）」「デルタ（δ）」と四つの種類に分かれています。

聞いているだけでややこしくなってしまうかもしれませんが、一番効果的とされるのは、わたしも研究していた「アルファ・トコフェロール」と呼ばれるものです。ラベルなどを見て、これが入っている種類のものを選べば間違いないでしょう。

一つだけ注意してほしいのは、「ビタミンE」は安全上、一日に五百四十ミリ以上は摂ってはいけないとされています。その他のサプリメントも同じですが、いくら健康食品とはいえ、やはり使用上の注意をよく読み、正しく服用するようにしてください。

なお、もっと手軽に栄養素を補うために、「マルチビタミン・ミネラル」という形で必要な栄養素をミックスした商品がいくつかあるので、こちらもお勧めできます。当然ながら「ビタミンE」も含まれているでしょうし、その他の不足しがちな抗酸化物質もこれで補うことができます。

その他の抗酸化物質としては、「ビタミンC」や「コエンザイムQ10」といったミネラルが知られていますし、カルシウムやクロムといったミネラルも若々しい肉体を保つためには必要な栄養素です。

現代人にとってサプリメントの摂取は必須

むろん、わたしたちが普段食べている食事には、ビタミンやミネラルがきちんと含まれています。ただ、土壌の変化や環境汚染などによって、野菜などに含まれるビタミンやミネラルの含有量が、徐々に減り続けているということ。とくに日本は効率重視の農業を行ってきたため、土壌そのものが、かなり力を失っています。問題が土壌にあるのだとしたら、いくら有機野菜を選んだところで、どうにもなりません。

このように、**現代人にとってサプリメントを摂取するのは「必須である」**と、わたしは考えています。わたしも目覚めたのは四十代です。**誰しも〝手遅れ〟ということはありません。**ぜひお試しになってみてはいかがでしょうか。

◉「心の老化」を防ぐための三つの習慣

心の健康を保つ「楽天思考」

さて「脳は体の上に乗っかっているもの」ということで、本章では〝体を若返らせることで、脳を若返らせる〟という方法を述べてきました。

しかし、脳と体が一体のものであるなら、逆のメカニズムも同じように起こります。すでに述べたように、「年を取ったなあ」という錯覚が肉体の老化を引き起こしていく。そのサインは、まさに大脳の中で生まれているのですから、わたしたちは心の状態をも含めて、若々しい状態を維持していかなければならないのです。

では、心の健康を妨げる要因とは何か？

それはストレスです。その基盤となるのは、不安、恐れ、怒り、不満、プレッシャー、挫折《ざせつ》、悲哀といった、ネガティブな感情でしょう。
これらを払拭《ふっしょく》するのは、「大丈夫、うまくいっている！」「自分は幸せだなあ」「将来にもいいことが、いっぱいあるぞ！」というポジティブな気持ち。その状態を「楽天思考」と、わたしは呼んでいます。

要するに、**つねに楽天思考であれば、人生に何も問題はない**のです。**そこにはストレスも何もありませんから、心はいつも〝快〟の状態。それが体にも伝達され、健康な状態が保たれていきます。**

ところがわたしたちは、人生の中で〝イヤなこと〟にしょっちゅう出会います。四十代で会社にいれば、その中での人間関係の問題もある。家族の問題もある。将来的な不安もある……。

重要なことは、現実がどうであろうとも、ストレスを感じれば、それが体に影響を与えていくのです。ストレスを抱えながら問題を乗り越えるのでも、楽天的に乗り越えるのでも、現実は同じ。むしろ後者のほうが、問題が解決されやすいとすら、わたしは思います。

では、どんなふうにして「楽天思考」を維持していけばいいのか？

「がんばらない」「笑う」「感謝する」思考グセ

ここでは〝**思考グセ**〟**として、三つのことを推奨**しておきましょう。それは「**がんばらない**」「**笑う**」「**感謝する**」ということです。

まず「がんばらない」ということですが、とくに五十代を前にした世代であれば、〝ガンバリズム〟が当たり前だった企業社会に長くいて、とかく自分にプレッシャーをかけながら一生懸命に物事に取り組んでしまうようなところがあります。

これらは〝再学習〟にも影響し、たとえばテストのようなものを受けたあとで、点数が悪いと、極端に落ち込んだり、あるいは課題のようなものがあると「徹夜でもして仕上げるぞ！」と、気合いを入れ過ぎてしまうようなことがよくあるのです。

別にあなたは、受験勉強をしているのではありません。勉強はほかならぬ〝あなた自身の楽しみ〟であり、プレッシャーを与えて自らそれを〝苦痛〟にしてしまうのは、あまりにも意味のないこととは思いませんか？

そんな〝がんばり〟を防ぐためには、問題が起こったとき、まず「何とかなるさ」と自分に言い聞かせてしまうことです。

試験でうまくいかなかった……。大丈夫、何とかなるさ！

思うように成果がはかどらない……。大丈夫、何とかなるさ！

実際にそれらはすべて「何とかなる」もの。というのも、**勉強の目的は点数を取ることでも、試験を突破することでもなく、あなた自身が飛躍するため。そのために必要な素晴らしい脳をつくり上げること**なのです。

勉強すれば、昨日より今日、今日より明日と、確実に脳は発達していくのですから、何も心配する必要はありません。

何より人生は百年なのです。五十代とすれば、まだまだあと五十年の歳月を残したあなたが、何も焦る必要はないではありませんか。

次の「笑うこと」とは、その通り〝いつも笑顔でいる〟ということです。

楽しくなくても、笑ってしまえば、そこにあるのは〝楽しい気持ち〟です。**うまくいかないことにストレスを抱えているのではなく、「何でこんなことに悩んでいるん**

だろう」と笑ってしまえば、問題はいとも簡単なことに思えてきます。

実際〝笑う〟ということには、医学的な効果すら知られています。というのも、笑うことで免疫力を強化する「ナチュラルキラー細胞」というものが増加することがわかっているからです。

この「ナチュラルキラー細胞」というのは、ガン細胞を除去するほどの強力なもので、〝笑うようにしていたらガンが治った〟という報告はいくらでもあります。実際に漫才などを見た人を調査した結果、「十八人中の十四人にナチュラルキラー細胞の活性化が見られた」という報告もあります。

ならば、あなたは〝笑う機会〟というものをどんどん増やしていけばいいのです。それこそ喜劇などを見てもいいし、奥さんや旦那さんをジョークで楽しませるような習慣をつくるのでもいいでしょう。英国には「地球が四角いことを信じる会」などのサロンがありますが、そういったものもユーモアを楽しむ姿勢から生まれているわけです。

何より「人を笑わせる」というのも、ある程度の思考力を必要とする、優れた勉強にほかなりません。頭の回転も速くなりますし、脳のシナップスも広がりますから

「人を笑わせ、自分も笑う」ということを心がけてみてください。

最後の「感謝する」ということも、とても重要。なぜなら**本気で人が感謝するときに、脳内では「ベータエンドルフィン」という快楽ホルモンが分泌され、それが「楽天思考」を自然とつくっていく**からです。

だから、**「周りの人に感謝の気持ちでいっぱい」という人は、見るからに若々しい肉体を保っているもの。**あなたの周囲にそういう人はいませんか?

感謝の気持ちを保つには、最初に「ありがとう」という言葉を発してしまうことです。

たとえば五十代を前にしたころになれば、上司が自分より若い人になるということもあると思います。そんな若いヤツが、生意気そうに自分に対して文句を言ってくる。

こんちくしょう……、などと思わずに、「年齢差を気にせずに指導してくださり、ありがとうございます!」と明るく言う。

夫婦も五十くらいになれば、昔と違うでしょう。何となく対立することはいくらでもあると思います。

それでも、「ずっといてくれて、ありがとう」と感謝する。

これらに増して、再学習を始めたあなたなら、とにかく感謝することがいっぱいです。

教えてくれる先生にも感謝できるし、本を読めばそれを書いた人にも感謝できる。それこそダーウィンにフロイトにアインシュタインにニュートンなど、歴史上で感謝できる人はいっぱいですし、**何より自分自身の脳に感謝しなくてはいけません。**

「今日もあらゆる知識を吸収し、ますます成長してくれて、ありがとうございます！」

そんな**多くの「ありがとう」が楽天思考を、ひいては快適な脳や体をつくっていく**のです。何とも素晴らしいことではないでしょうか。

6章

「学び」こそ、一生を変える魔法の力

十年後、二十年後に、あなたは〝もっとドキドキする自分〟に出会えます！

◉わたしに勉強のきっかけを与えた「運命の一冊」

人生を変えた一冊の本

実をいうと、わたしには勉強のきっかけを与えてくれた、一冊の本があります。

それは『あゝ野麦峠』という本で知られる山本茂実という作家の、『生き抜く悩み』という本です。現在では絶版になっていますが、わたしは十六歳のときにこの本を読み、「勉強しよう！」と決意し、いまに至ったわけです。

では、その本はどんな内容だったのか？

実のところ、ほとんど覚えていないのです。

しかしこの本で影響を受け、わたしのいま現在がある。とすれば、この『生き抜く悩み』という本は、わたしの人生を変えた運命の一冊であることは確かです。

勉強したお陰でいまがある

わたしも、実は、そんなあなたの「運命の一冊」をつくりたいと、本書を執筆しました。だから五十代を前にした、あるいはひょっとしたら少し五十を超えている年齢かもしれないあなたが、本書をここまで読み「勉強を始めてみようかな」という気持ちになっているとしたら、とても嬉しいことです。

わたしはそんなふうに、**これから高齢になっていく皆さんに、「再学習」という世界にどんどん踏み込んでいただきたいし、学生のころに感じることができなかった「勉強への喜び」を十分に味わってもらいたい。何よりそれは、あなたの世界をグッと広げることになる**からです。

北海道の農家で生まれた〝佐藤富雄〟という人間が、いまや本を百冊以上も書き、七十五にして本当に素晴らしい人生を過ごしている……。すべて「勉強したこと」のお陰さまです。

本章では少し個人的な話にもなりますが、わたしにとって勉強というものが、どういうものだったのか。そのことを少し述べさせていただきたいと思います。

◉初めて受けた本格的な勉強体験

学校の勉強には興味がなかった少年時代

わたしが生まれたのは北海道の北見であり、開拓者時代からの古い農家です。農家にとって、〝教育を受ける〟ということには、ほとんど意味もありません。食べるものには困らないし、当時は米や野菜の現物交換でモノが手に入る時代ですから、「大成して、お金を稼ぐ」ということにも意味がない。ただ黙って農家の仕事を覚え、将来は家を継げばそれでよかったのです。

わたしも当然、そのように思っていました。

それでも研究心は旺盛で、前にも述べたようにアイヌの遺跡に入り込んだり、魚の捕り方を工夫してみたりと、いろいろなことを試しています。一番凄いのは近くの炭鉱からダイナマイトをもらってきたことで、それを川で爆破させて、気絶して浮かんできたシャケを捕る、などということを平気でやっていました。

ところが学校の勉強というのは、まったくわたしに興味をもたらしません。ですから野山で遊びながら、旧制の中学までに進んだのですが、そこで大きな時代の変化が起こりました。戦争です。

初めての勉強体験は滑空訓練隊

ちょうど昭和十九年という時代、もはや日本は本土決戦を覚悟していたころです。この年の六月にサイパンの基地が米軍に占領され、そこを基点にしたB29による空襲も始まります。

そのころ中学から二名が選抜されて、美幌《びほろ》海軍航空隊という部隊にできた「青少年特別滑空訓練生」というものに入隊することになります。わたしは相撲などもやっていて〝体だけには自信がある〟という感じですから、文句なしにそのうちの一人に選ばれました。軍としては、おそらく即戦力がいくらでも欲しいということだったのでしょう。

そのころは国民が総出で「お国のために」と言っていた時代です。子どもだったわたしには、当然、兵隊になることに対する憧れがありました。

「滑空訓練隊に入る」ということは、将来は「戦闘機乗りになれる」という夢に一歩近づいたと、当時はとても喜んだものでした。わざわざ土浦の「霞ヶ浦航空隊」というところに行き、適正検査を受けたこともしっかり覚えています。

実はわたしが本格的に「勉強する」という経験を持ったのは、この滑空訓練隊が最初だったかもしれません。

〝滑空〟というのは、要するにグライダーで、十メートルくらいの崖の上に発射台を設け、そこから強力なゴムで引っ張って機体を飛ばす。あとは上昇気流に乗って操縦する……ということを繰り返していました。

面白いのは、わたしたちのような初級者が「プライマリー」で、中級者になると「セカンダリー」。つまり完全に英語が使われていたということです。

鬼畜米英の時代に不思議なのですが、北海道という地ならではだったのかもしれません。戦時中の生まれながら、平気でアメリカ人のボスに仕えることができたというのは、案外とこんな経験に影響されているのでしょうか。

それでもわたしは、いずれはグライダーから複葉の赤トンボ、やがてゼロ戦などに乗ってアメリカと闘うんだろうなあと思っていました。特攻隊というものはあまり認識していませんでしたが、それでも飛行隊に入れば、撃墜されることもあります。でも、それを怖いなどと思わない。早く国のために、戦場に出たいなあと、ごく当たり前に考えていたのです。

そうして、あと一年で少年飛行兵になれると思っていたころです。実家の隣町に「ピリカ」というアイヌの旅劇団が来ているということで、わたしは特別に許可されて、友だちと見に行きました。

その日がちょうど八月十五日のこと。家に戻ると隊から連絡があり、そこで終戦のことを知ったのです。

◉日本一の百姓を目指して

勉強しても世の中の役に立つことなんてない

戦争が終わる。

当時のわたしにとっては、張り詰めていた糸がプツンと切れたような思いです。

滑空訓練隊というのは十代の少年たちばかりで、正式な軍ではありません。その日に隊に戻りはしましたが、二十日に即解散で、「家に帰れ」ということになります。覚えているのは、「思い出になるから」ということで、グライダーを分解して、皆で持ち帰ったこと。とはいえ、皆が飛びついたのは、機体ではなく引っ張っていたゴムです。

当時はパンツのゴムなども貴重でしたから、全員でゴムを細かく切って、分け合ったものでした。ただそのゴムは、外カバーを切り開き、二百本くらい入っているゴムを取り出そうとしたら、膨張して短くなり、持ち帰ってもまったく用途がありませんでした。

いずれにしろ、わたしは故郷の北見に帰ります。

しかし学校に戻ってみれば、生徒はみんな工場や農家に借り出されているし、先生はほとんど徴兵されています。残っているのは、もう病人か年を取っていた校長先生くらい。

それでも少しずつ生徒が戻り、授業は始まるのですが、教科書もなく、教えるほうも〝とにかくやっている〟という感じです。ほとんどは農家の子で、配給も少ないし、人手は戦争に持っていかれて足りなくなっています。「何だかムダだなあ」という気持ちがしてきました。

そんな折に、父がわたしに言ったのです。

「富雄、食糧難だしさ。もううちはこうやって幸い農場もあるし、日本一の百姓になろうよ」と。

感動しました。

別に勉強したところで、いまの日本で世の中の役に立つことなんてない。それより日本一の農家になれれば、食糧難の解決に一肌脱げるのではないか……。

「お父さん、もうそうする。明日学校行って、やめるべ！」

わたしは、一言返事で答えていました。

こんな時代ですから、学校でも反対する人はいません。退学届けを出し、中学を出ます。入学してから隊に入るまでと、除隊してから退学するまで、合わせればおそらく一ヵ月も学校にいなかったのではないかと思います。

それがわたしの十四歳のころのことでした。

百姓を目指しながらも英和辞典

それからわたしのメーンの活動は、家の農作業の手伝いになります。

当時はトラクターなどありませんから、馬が頼りです。しかし馬に乗るのは大好きでしたから、わたしも楽しく農家の仕事をしていたと思います。

ところが、まったく勉強を放棄してしまったかといえば、そうでもありません。というのも、わたしは読書が好きでしたから、近所に唯一あった古本屋に足しげく通っています。

戦後間もなくの北海道の古本屋ですから、品数だって、たかが知れています。それでも不思議なことに、わたしは農家をやり始めてから、思いつきでコンサイスの英和辞典を買っていたことを覚えています。

どうして日本一の百姓になる人間が、英和辞典を買うのか？

理由はよくわからないのですが、心の底では、何か求めるものがあったのでしょう。

そして農業に専念して二年が経ったころ、わたしは一冊の本に出会ったのです。それが『生き抜く悩み』という本でした。

◉運命の本が、わたしを学問の世界に引き戻した

「勉強をしよう」という姿勢に打たれた

『生き抜く悩み』というのは、山本茂実が早大の哲学科にいたころに書いた処女作のようです。

彼は中学を出て、それから戦争に行き、学校の教師を少し勤めて、それから大学に入ったという経歴の持ち主。わたしよりおそらく、十年くらい人生の先輩だったのだと思います。

前にも言ったように、内容はよく覚えていません。ただ、そういう彼の「勉強をしよう」という姿勢に打たれたのでしょう。夢中で本を読んだわたしは、「何かをしなければいけないな」という気持ちになりました。

最初にわたしがやったことは、学校に行っていた友人のところに行って、古い教科

書をもらってくることです。

ちょうどそのころは、やっと各家庭に電気が通り始めたころ。農家の仕事を終えたあとの夜に、数学の教科書などを開いて、せっせと勉強をしていました。

もう一度学校へ行きたい！

だんだんと勉強を続けているうちに、わたしにも向学心のようなものが徐々に芽生えてきました。

ちょうどそのころに、近所に住んでいた青年が専検に合格したという話を聞きます。

専検というのは「専門学校入学検定」ということですが、当時でいう専門学校はレベルも高く、農学で入れば北海道大学の農学実科か現在の帯広畜産大学（当時、帯広高等獣医）に入るというレベル。しかも彼は子どものころから知っている男性でしたが、決して頭のいい倅《せがれ》ではありません。非常にショックでした。

やっぱり自分も、もう一度学校へ行きたい……。

それでも「日本一の百姓になる」と、父親と誓い合ったわたしです。ただ〝農学校〟であれば、父も説得できるのではないかと考えます。

「お父さん、これからの農業は変わっていくよ。日本一になるなら、農学校くらい出てなきゃダメだよ！」

「そうかな……」

こうして父親を説得することには成功。ただしわたしは中学を中退していますから、新制高校に属する農学校に入るためには、国家試験に合格しなければなりません。

しかし、一年間の夜勉強の甲斐があったのでしょう。わたしはこれに、何とか合格。美幌の農学校に通い始めることになりました。

昭和二十三年、十七歳のときの出来事でした。

◉その後の人生を変えた再入学

東京の大学へ行きたい！

再び学校の門をくぐり、農学校に通い始めたことが、わたしのその後の人生を変えます。

わたしは周囲の学生よりも二年くらい年上ですが、何も卑屈な思いなど感じません。それどころか、入学時に声をかけられ相撲部に入り、強いものですから二年ではキャプテンまで務めていたほどです。

こうした学校生活が、わたしに強い自信を与えていきました。

そして三年時になると、もう来年は成人式。そこで頭をよぎるのは将来のことです。

一方では、父と決めた「日本一の農家になる」という約束があります。実際に当時も休みの日などは農業の手伝いをしていますし、卒業したら家に戻るもの、と父はすっかり思っています。

その一方で、やはり大学のことは気になります。

わたしは学校に戻った経緯が経緯ですから、勉強は極めて真面目にやっています。だから自慢ではありませんが、それなりに成績もよく、とくに英語と数学には絶対の自信がありました。数学のテストが十七回あり、そのすべてで満点をとっています。

そこで卒業前に進学を希望するものは「進学適正検査」というものを受けさせられるのですが、これは現在で言うところの共通一次試験にあたるもの。そこで何と、上位の成績を修めてしまうのです。

むろん、現在のような一〇〇点満点のテストではありませんから、さほどビックリするほどのことではありません。

ただし先生からは、「お前は東大に行けるかもしれない」などと言われ、すっかりその気になる。なんせ地元で考えれば、「東京の大学に通う」ということだけで、夢のような話だったのです。これが実現するとなれば、ワクワクしないわけがありません。

心はすっかり大学へ向かっていますが、問題は父親です。

「うちの農場を継ぐヤツが、東京へ行ってどうするんだ!」

そう言うだろうことは確信していました。

しかし相撲部の顧問をしていた教頭先生と担任の先生がうちに泊まり込み、一晩がかりで父親を説得してくれます。何とか「大学に入る」ということでなく、「試験を受ける」ということまで許可されました。

「とにかく受けるだけ受けさせてください」

「いいよ、じゃあ。どうせ落ちるんだから……」

そんな具合です。

あきらめかけた大学進学

父の予告どおり、わたしは東大を見事に落ちます。

第二希望で受けていた宇都宮大学には合格していたのですが、わざわざ北海道から出てきて宇都宮に通うのも面白くない。そう思っていたら、東大受験したときの点数で東京農大には入れるということがわかったのです。それなら自分も、ぜひ行きたいという気になる。

しかし父には「東大に受かったらな」ということで、受験させてもらっているのです。ウンと言わない限り、入学金だって出てきません。

ムリかな……。

そう思って家に戻ると、父からは意外な答えが返ってきます。

「いいだろう。入学金は工面する」

あまりにもアッサリしていたから、わたしは拍子抜けしてしまったほどでした。

◉父に託された、わたしの新しい夢

父が後悔していた学問への夢

父を説得してくれたのは、おそらく母だったと思います。

考えてみれば、十六歳で『生き抜く悩み』を読んだあと、夜を徹して勉強していたわたしを、母は見守ってくれていたのでしょう。夜中にふと気づくと「あれ、いま誰か戸を開けて見ていたかな?」と感じることが、何度となくあったからです。

人生を後悔しないように……ということで、おそらくは父に誘い水を投げかけてくれたのだと思います。

そのことを一番わかっていたのは、ほかならぬ父自身でした。

これは、あとから母に聞いた話です。

実は父のやり残した夢というのが、「学校に行きたかった」ということでした。当時は尋常小学校を四年過ごせば、勉強が終わってしまう時代。農家に生まれた父は、卒業してすぐに家に入り、それっきり学問と縁のない人生を過ごしました。

だから本当は、わたしが東京の大学に合格したことを誰よりも喜んでいた。

まるで自分に代わってわたしが夢を実現してくれるように、目を輝かせていた。

当時のわたしに、そのことはまったくわかりませんでした……。

わたしが覚えているのは、東京農大の入学金がなかなか貰えず、ギリギリまでやきもきしていたことです。父の本心など知りませんでしたから、わたしのほうは「許してもらえないのかあ」などと不安に思っていました。

ところが送金の締め切り日に、父がわたしを呼びつけます。

「富雄！　倉庫に米が十二俵、用意してあるから！　お前は、それを隣の村の誰々さんのところに持っていけ。そうするとお金が貰えるから、それで学校に金を払え！」

やった！……ということで、わたしは馬に米俵を積み、急いでお金を工面して入学金を送金しました。

お前は好きな道を選べ！

その晩、食事どきに「ありがとうございます」と父に言うと、「まあ説得するのに結構苦労したよ……」とのこと。

まったく知らなかったのですが、入学が許可されてからギリギリのその日まで、父はずっと親戚中の説得にまわってくれていたのです。

何といっても古い農家で、わたしは長男です。「それが東京の大学へ行くとは何たることか！」と、おそらくは祖父も叔父たちも、認めてはくれなかったのでしょう。ところが断固として、父はわたしを「大学へ行かそう」としてくれた。

その夜、わたしは言われたものです。

「富雄、やっと説得したから、もう大手を振って大学へ行っていい。ただ約束してほしいのは、跡を継ぐなんぞとは二度と言わんでくれ」

「えっ？」

「周りにもそう言って説得したんだ。農家は弟たちが継げばいい。お前はここに戻らず、好きな道を選べ！」

わたしはこの言葉を、ただ黙って聞いていました。

当時は大学へ行ける喜びがいっぱいで気づかなかったのですが、父はこのとき、自分の夢をわたしに託したのでしょう。

実際、父はそれからも東京に出たわたしに、せっせと月に五千円の仕送りをしてくれました。あとで聞くと、その農家以外に大工仕事のアルバイトをして、一生懸命に工面してくれたものだったそうです。それを知ったのはわたしが四十歳くらいのときですが、聞いたときは、さすがに涙がこぼれたものです。

◉勉強することで、五十代からの〝ドキドキする人生〟を選ぶ

〝いま〟はドキドキする方向に進み続けた結果

それにしても、父がわたしに選ばせたかった「好きな道」とは、いったいどういうものだったのでしょう？

実はそれについて、いつだったか、わたしは父と話し合ったことがあります。

「頼むから役人にはならないでくれよ！」

父が言うには、役人はコースが決まっているから面白くないということ。実際に役人の方がいたら申し訳ないのですが、とにかく父は「勉強するならば、決まりきった道は歩まないでくれ」という願いからでした。

「就職がないから、なんて帰ってきて、地元の先生なんかにはならないでくれ！」

これも教師の方がいたら本当に申し訳ないのですが、とにかく家を出ていく以上、地味な仕事につくなんてやめてくれと。何か「日本一の百姓になること」に見合うレベルのことを、わたしに要求するわけです。

わたしは尋ねました。

「お父さんは、どんなことを望んでいるのさ?」

「そうだな……」

答えは、次のようなものでした。

「何でもいいから、親をドキドキさせてくれよ。せっかく大学に行くんだから。それだけ約束してくれ……」

果たして、わたしが約束を守れたのか? それはよくわかりません。

ただ、わたしは大学に行ってから、とにかく〝自分がドキドキする方向〟に進み続けていったことだけは確かです。

大学で最初に学ぼうとしていたのは〝発酵工学〟で、お酒や調味料の醸造に関することを学びたいと思っていました。食糧難の当時は非常に実用性の高かった学問なのですが、農大の成績がよかったわたしは、「せっかくだったら、優秀者しか入れない専攻に進もう」と〝ドキドキ〟のほうを優先しました。

そうして出会ったのが生化学。これが現在のわたしの、基礎になりました。

しかしそのまま生化学を究めるというわけでなく、卒業したら早稲田の政経に行き、そこも卒業せずに、大学院に入り、結局、大学院も中退のまま外資系の会社に入る。その後、会社も何度も変わり、そのたびに上昇する上昇人生でしたが、いきなり再学習を始め、経済から再び農学に戻り、医学、生理学……と。さらに現在では、多くの自己啓発書を書きながら、八十歳になったら、なおも考古学を学ぼうとしている……。

すべては〝ドキドキする方向〟へ踏み出し続けている結果なのです。

これからの自分にドキドキしましょう！

何でもいいから、ドキドキさせてくれ……。

案外と父のこの言葉は、「勉強すること」の本質をついているのだと思います。

十六歳で運命の本と出会い、自分にこれからできることを考えて、ドキドキした思い……。その思いこそ、勉強に踏み出すための唯一の理由であり、「なぜ、わたししたちが勉強するべきなのか」ということの、たった一つの意味合いではないかと思うのです。

さあ、あなたは現在の「勉強しよう」という思いに、ドキドキしているでしょうか？　これからの自分に、ドキドキできると思いますか？

間違いなく、そうであるはずですね！

それでいいのです。

現在のあなたは、やっとスタート地点に立ったばかり。勉強し、ドキドキし、またそれに向かって勉強していく。その連続で、やっと折り返し地点に来たばかりの長い人生をどんどん面白いものにしていけばいいのです。

どうか〝スゴいこと〟を成し遂げて、わたしをドキドキさせていただきたいと思います。

［著者紹介］
佐藤富雄（さとう　とみお）
作家、生き方健康学者。
スピール・ハーレ大学（ルーマニア）教授、ルーマニア名誉領事。
心と体の制御関係について研究をすすめ、科学から捉えた人生100年時代の生き方論を提唱。特に、大脳・自律神経系と人間の行動・言葉の関連性から導き出した「口ぐせ理論」が話題を呼ぶ。全国各地で講演も多く、「口ぐせ理論実践塾」のセミナーは絶大な人気を誇っている。
主な著書に『あなたが変わる「口ぐせ」の魔術』（かんき出版）、『ぜったい幸せになれる話し方の秘密』（スリーエーネットワーク）、『大富豪になる人のお金の使い方』（大和出版）、『運命を変える大きな力がもらえる本』（中経出版）など多数。

Dr. 佐藤富雄 事務局
〒413-0012　静岡県熱海市東海岸町6-51-2F
TEL：0557-85-2215
FAX：0557-85-2150
E-mail：info@hg-club.jp
公式サイト　http://www.hg-club.jp

50歳からの勉強法
自分の夢が実現する！

平成二十年一月二十五日　第一刷発行

著　者＝佐藤富雄《さとうとみお》
発行者＝下村のぶ子
発行所＝株式会社　海竜社
東京都中央区築地二ノ十一ノ二十六　〒一〇四—〇〇四五
電話　東京（〇三）三五四二—九六七一（代表）
振替　〇〇一一〇—九—四四八八六
海竜社ホームページ　http://www.kairyusha.co.jp

もし、落丁、乱丁、その他不良な品がありましたら、おとりかえします。お買い求めの書店か小社へお申しでください。

印刷・製本所＝株式会社シナノ

ISBN 978-4-7593-1005-4